Didactique par genres littéraires, Grammaire, Vocabulaire, dialogues et Histoire

Jeux linguistiques socioculturels

KAYLA BENZAKOUR NERIS

Didactique par genres littéraires, Grammaire, Vocabulaire, dialogues et Histoire

JEUX LINGUISTIQUES SOCIOCULTURELS

2023
PORTO ALEGRE

editora ALCANCE®

Editoração eletrônica: Willian Castro
Capa: Willian Castro (a partir de imagem fornecida pela autora)
Revisão: Kayla Benzakour Neris
Arquivo digitado e corrigido pela autora, com revisão final da mesma, autorizando a impressão da obra.
Editor: Rossyr Berny
Contato com o autor: kaylaris521@gmail.com

Para conhecer mais autores da Alcance acesse:
www.editoraalcance.com.br

Dados Internacionais de Catalogação na Publicação (CIP)

N446d Neris, Kayla Benzakour.

Didactique par genres littéraires, Grammaire, Vocabulaire, Dialogues et Histoire: Jeux linguistiques socioculturels / Kayla Benzakour Neris. – Porto Alegre: Alcance, 2023.
362 p.: il.

1. Livros Didáticos. 2. Língua Francesa. 3 Literatura Francesa. I. Título.

CDD 371.671
CDD 440

Bibliotecária responsável: Daniela S. Christ CRB 10/2362

ISBN: 978-85-9537-060-9

ALCANCE®
38 anos de Alcance
Prêmio Jabuti

(51) 9 8535.3970 (51) 3268.7803
rossyr@editoraalcance.com.br
/EditAlcance @editoraalcance_oficial
www.rossyrberny.com / www.editoraalcance.com.br
Rua Bororó, 5 - Bairro Assunção - PoA/RS - 91900-540

Sommaire

Dédicace

Aux membres de ma famille pour leur appui continu,

Au souci de la profession et au développement permanents,

À l´Amérique du nord, à la France, au Brésil et au Maroc pour les expériences multiples et enrichissantes,

Au multilinguisme et au métissage culturels,

Aux ami(e)s et collègues de la profession.

Avant-Propos

Le manuel scolaire que nous vous présentons, Jeux et Projets de Langue et Littérature Françaises, **Didactique par genres littéraires, Grammaire, Vocabulaire, Dialogues et Histoire. Jeux linguistiques socioculturels** de niveau intermédiaire destiné aux étudiants du lycée -option Lettres Modernes, 5 heures hebdomadaires, 3 heures pour l´écrit et 2 heures pour l´oral. Dans certaines écoles, les horaires sont groupés, ce qui maximise le temps en salle de cours et la réceptivité à une langue seconde. Les écoles privées comme les écoles du gouvernement peuvent l´utiliser en Seconde, première année du Lycée-cycle d´approfondissement- en systhème de pédagogie globale du français, lycéens âgés de 15 ans, et dans la Première, avant la terminale pour les écoles américaines ou internationales où le français est enseigné par un professeur qualifié et certifié.

L´acquisition des notions essentielles pour les élèves de la Seconde faite à travers les exercices de français : grammaire, vocabulaire, conjugaison, lecture-compréhension et interprétation, expression écrite et projets communicatifs. Il faudra aussi souligner que c´est un manuel de classe doublé d´un cahier d´exercices.

Les activités du manuel sont centrées autour de thèmes qui relèvent du développement cognitif et personnel des étudiants de cette tranche d´âge. Des thèmes comme la rupture amoureuse, l´apparât, la philosophie de l´existentialisme et de l´absurde, l´amour à l´adolescence, le monde de la ferme, la lutte contre le chômage, l´environnement, les entreprises françaises, l´environnement et la pollution, les légendes, le monde animal, le camping et le voyage, les loisirs, les fêtes françaises, la météo, l´Art, l´Histoire de la Révolution et des guerres napoléoniennes, les dialogues, ect.

Sur le plan de la grammaire, toutes les classes grammaticales ont été adressées : les GN, Les GV, Les COD/COI, Les adjectifs de couleurs, Les adverbes d´intensité, les pronoms objets, les pronoms possessifs, les pronoms démonstratifs, Les pronoms « en » et « y », les pronoms relatifs simples et composés, les mots composés, les suffixes, l´accord du participe passé, les temps verbaux de l´indicatif et du passé, la concordance des temps verbaux, les conjonctions de subordination, le discours direct et indirect, les charades, ect.

L´enseignant utilise donc ce manuel en Seconde en fonction de sa démarche personnelle. Il peut faire lire aux étudiants les définitions du manuel et les exemples d´explications ou utiliser les siennes propres. Dans la plupart des cas, les étudiants sont guidés à lire les définitions pour après faire les exercices qui nécessitent l´écrit ou la communication orale. Les corrections seront faites avec le professeur qui agira comme guide et facilitateur de conversations et d´expression correcte. Les tests et évaluations à chaque quinzaine.

Les exercices sont de difficulté intermédiaire. Les textes de lecture choisis, poèmes, extraits de romans et théâtre font partie de la littérature officielle pour jeunes apprenants de la langue.

Une attention particulière a été accordée aux jeux linguistiques, aux jeux de parcours, aux charades, aux grilles de mots fléchés et croisés, jeux de cartes, jeux de classification et de catégorisation, jeux de montage syllabique et formation de mots, des rébus, des chaînes de mots et des anagrammes, ect.

Ainsi, l´étudiant développera lors du temps passé en salle de cours des connaissances cognitives non seulement cannoniques mais aussi socio-pédagogiques provenant du ludique et des échanges sociaux qui correspondent aux objectifs pousuivis par les institutions de formation.

Seconde	**Première**	**La Terminale**

Lycée (15 à 18 ans)

Introduction:

- Ce livre didactique de langue et littérature française de niveau intermédiaire s´inscrit dans une psychopédagogie américaine d´apprentissage par jeux, activités et projets artistiques et makers qui viennent compléter les méthodes classiques et normatives d´enseignement de la langue et **littérature françaises** comme langue seconde ou langue première.

  Ainsi, les activités proposées dans ce livre utilisent des oeuvres littéraires d´auteurs de littérature pour les jeunes et ado, un lexique de difficulté intermédiaire et des thématiques qui relèvent des **préoccupations cognitives** du monde des adolescents que ce soit en Histoire, géographie, culture française et culture générale, l´art, la grammaire, les sciences et loisirs.

- L´utilisation d´oeuvres littéraires pour les jeunes et ado contribue à la dissemination de cette littérature parmi les jeunes étudiants qui apprennent très tôt à encadrer leur apprentissage en termes d´âges, de développement cognitif et émotionnel.
- Les notes grammaticales, les textes prélevés des oeuvres littéraires et revues constituent le matériel de lecture, de compréhension et d´interprétation ainsi que les interventions orales des étudiants qui ont pour objectif-ultime et double l´oralité comme l´expression écrite.
- Les activités élaborées dans le livre se basent sur la pyramide des étapes de l´apprentissage telles qu´elles se passent dans le cerveau humain.

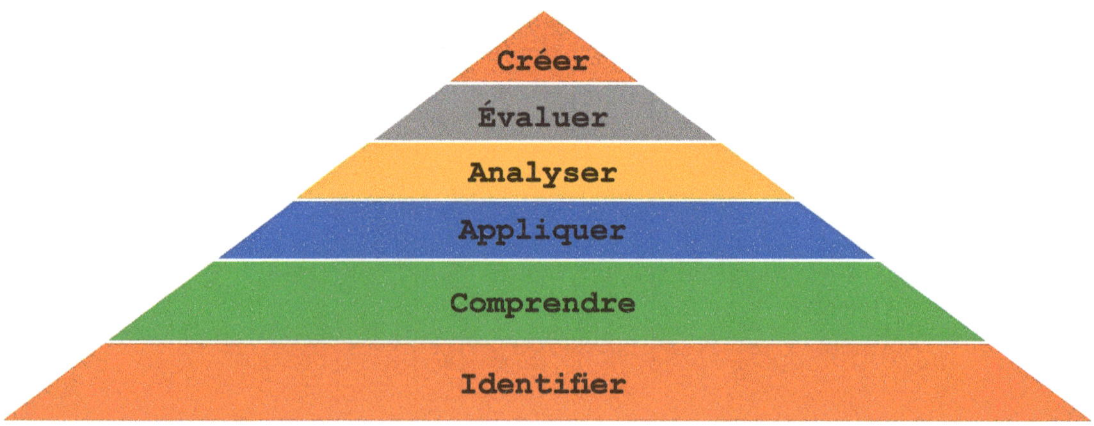

La pyramide cognitive adaptée de la taxonomie de Bloom

Bloom, Benjamin. La Taxonomie des objectifs pédagogiques T-1. Benjamin S. Bloom editeur et al, Canada : Montréal, 1969

DOSSIER 1: DU DESSIN GRAPHIQUE AU CALLIGRAMME

UNITÉ 1:

LA POÉSIE:

- ✓ Considérations générales et spécifiques sur la poésie et la versification
- ✓ Poèmes, vers versifié, vers libre et rythme
- ✓ Poète du XVII Siècle et Poésie classique: Jean de la Fontaine
- ✓ Poètes du XXème Siècle et poésie moderne: Raymond Queneau et Guillaume Appolinaire
- ✓ Calligrammes et dessin graphique
- ✓ Thèmes de la poésie, Structure et Vocabulaire
- ✓ Jeux de langue

I. CONSIDÉRATIONS GÉNÉRALES : DÉFINITIONS 1

La poésie est un exercice de style autour d´un thème spéficifique. Les poèmes sont faits de vers qui correspondent à des phrases mises en juxtaposition, alignées à la verticale. Les poèmes peuvent être séparés en 3, 4 quatrains, ils peuvent aussi ne pas obéir aux règles de la versification et être composés en blocs de 12 vers, 15 vers, ect. Les poètes aiment utiliser des figures de style comme les comparaisons, les **métaphores, les anaphores**, les antithèses, l´oxymore, le chiasme, l´allégorie, la répétition, l´éllipse, les allitérations et les assonances dans le but de reproduire une musicalité dans le poème. Le rythme d´un poème est rendu par la longueur du mètre choisi : un mètre rapide, long, court ou cadencé.

II. LES VERS EN POÉSIE: VERS LIBRES , VERS VERSIFIÉS ET RYTHME

Combien de vers par poème? Y a t-il des règles de versification qui régissent le nombre de vers par poème?

La réponse est oui. Ce sont des poèmes élaborés en gardant en tête les formes fixes prédéfinies par la versification et l´école des poètes. La poésie a connu plusieurs écoles comme l´école du Moyen Âge reconnue par les chansons de geste et la ballade, l´école romantique reconnue pour les alexandrins et le lyrisme individuel, l´école surréaliste par les images et métaphores ainsi que l´écriture automatique non bridée et l´école symboliste reconnues pour les vers impairs et le désir de s´affranchir des règles canoniques de la versification classique et de ses thèmes, et enfin l´OULIPO au

XXème siècle dès 1960 et l´expérimentation de formes hétéroclites de poèmes comme **l´anagramme**, des **poèmes carrés, des cylindres, des poèmes acrostiches, des palindromes** qui se lisent de gauche et de droite, des poèmes **boules de neige, des poèmes lipogrammes** dans lesquels l´auteur s´impose de ne jamais employer une lettre, **des poèmes lipossibles** dans lesquels on ôte à un mot un type de lettres pour en former un autre mot.

III. Vers et Poèmes

Le nombre de vers	Le nom du poème
40 vers disposés en quatrains ou en blocs	Poèmes en vers libres
12 vers	Un alexandrin
12 vers	Une ôde lyrique 4.4.4
8 vers	Le triolet avec des répétitions de vers (1 et 3 et 4)
8 ou 10 vers	La ballade lyrique
Longueur inégale de strophes	Chanson de geste
8 vers	Un lai narratif et mélancolique
3 strophes de 13 vers	Le rondeau
14 vers	L´acrostiche, le sonnet
Un dessin en lettres et en relation avec le thème	Un calligramme
1 mot, 2 mots, 3 mots	Une boule de neige

IV. LE SCANDAGE DES VERS

Le scandage des vers consiste en le découpage syllabique des vers du poème pour découvrir le mètre choisi par le poète pour ses vers. Un mot répété n´est pas compté dans l´identification du mètre. Le poète peut utiliser plusieurs mètres dans un **même poème et on parle alors de vers hétérométriques ou opter pour un seul mètre tout au long du poème et on aura alors des vers dits isométriques.**

Vo/lu/pté, Volupté /qui/fut/ já/dis/ maît/re/sse/ **10**

Le vers choisi: **un décasyllabe.**

Entraînez-Vous !

EXERCICE 1 : Coloriez le nom du vers qui correspond au nombre des syllabes de la même couleur.

L´heptasyllabe	L´ennéasyllabe	L´hexasyllabe	Le dissyllabe
Le monosyllabe	L´alexandrin	L´hendécasyllabe	1
Le tétrasyllabe	Le pentasyllabe	Le décasyllabe	4
Le trisyllabe	L´octosyllabe		5
12	8	9	3
11	10	2	6
7	Les Vers		

POÈMES CLASSIQUES DU XVIIe SIÈCLE

Leçon 1

EXERCICE 2: Lisez le poème de Jean de la Fontaine et répondez aux questions

Jean de la Fontaine est né le 8 juillet 1621 à Château-Thierry et il est mort le 13 avril 1695 à Paris. C´était un poète français de grande renommée connu plus pour ses Fables poétiques et moins pour ses contes. Il a aussi écrit des poèmes divers, des pièces de théâtre, de l´opéra et est considéré comme un moraliste. Voilà un des poèmes de la Fontaine retiré de son livre : Les Amours de Psyché et de Cupidon, 1669.

Poème 1 :

Éloge de la Volupté

Volupté, Volupté qui fut jadis maîtresse

Du plus bel esprit de la Grèce,
Ne me dédaigne pas, viens-t´en loger chez moi;
Tu ne seras pas sans emploi.
J´aime le jeu, l´amour, les livres, la musique,
La ville et la campagne, enfin tout; il n´est rien
Qui ne me soit souverain bien,

Jusqu´au sombre plaisir d´un coeur mélancolique.
Viens donc, et de ce bien, ô douce Volupté,
Veux-tu savoir du vrai la mesure certaine?
Il m´en faut tout au moins un siècle bien compté;
Car trente ans, ce n´est pas la peine.

Jean de La Fontaine

Jean de la Fontaine, Les Amours de Psyché et de Cupidon. Le Livre de poche, Paris, 1991

QUESTIONS DE COMPRÉHENSION

EXERCICE 1: Répondez dans votre cahier:

1. Faites le découpage syllabique du vers numéro 8 et Identifiez le mètre.
2. Faites le découpage syllabique du vers numéro 12 et identifiez le mètre.
3. Faites le découpage syllabique du vers numéro 5. Identifiez le mètre.
4. Que pouvez-vous dire sur le goût que La Fontaine a pour les mètres en poésie?
5. Qui étaient Psyché et Cupidon?
6. Quelle est l´idée principale de la première strophe?
7. Quelle est l´idée principale de la deuxième strophe?
8. Quelle est la définition que le dictionnaire donne à Volupté?
9. Qui parle dans le poème? Psyché ou Cupidon?
10. La disposition des rimes dans le poème est la suivante: AABB, ABBA, ABAB. Notez les rimes de chaque quatrain et identifiez le nom de l´ordre adopté dans le poème.

EXERCICE 2: Lecture et Compréhension :

Les Voleurs et l'Âne
Livre premier

Jean de La Fontaine

[...]
Pour un âne enlevé deux voleurs se battaient :
L'un voulait le garder; l'autre le voulait vendre.
Tandis que coups de poing trottaient,
Et que nos champions songeaient à se défendre,
Arrive un troisième larron
Qui saisit maître Aliboron.
L'âne, c'est quelquefois une pauvre province :
Les voleurs sont tel ou tel prince,
Comme le Transylvain, le Turc et le Hongrois.
Au lieu de deux, j'en ai rencontré trois :
Il est assez de cette marchandise.
De nul d'eux n'est souvent la province conquise :
Un quart voleur survient, qui les accorde net
En se saisissant du baudet. [...]

(Jean de La Fontaine, Les Fables)

ENTRAÎNEZ-VOUS ! À VOUS LA PAROLE !

Répondez aux questions de ce poème rimé de Jean de la Fontaine retiré des <u>Fables</u> mises en vers :

1) Combien de vers a cette fable rendue poème ?

2) Peut-on affirmer que <u>Les Fables</u> rendues en vers sont une poésie morale ?

3) Comment <u>Les Fables</u> poètiques de la Fontaine rompent-elles avec la poésie des siècles précédents sur le plan linguistique ? de la versification ?

4) Est-ce que la poésie était considérée supérieure à la prose à l´époque ? Si oui, justifiez votre réponse ? Si non, faites de même ?

5) **Coloriez** les rimes de cette fable poétique ? Quel est le mètre utilisé ? Comment s´appelle ce genre de fable-poème en 12 vers ?

<u>Exercice 3</u> : Lexique difficile

Remplissez les places vides par le mot ou le verbe qui convient conjugué à l´imparfait, à l´infinitif ou au participe présent :

Coups de poing-enlever-se battre-un larron-voler-survenir-nul n´est-

Une heure pour **(1. .....)** le pansement placé sur la plaie laissée par les **(2. ...)**.
La semaine passée, ils **(3. ...)**quand **(4. ....)** les a interrompus en leur **(5. ....)** leurs vestes qui étaient jetées par terre. **(6. ...)** ne l´a vu s´approcher. Tout **(7. ...)** vite.

Jean de La Fontaine, <u>Contes et Poésie</u>. Ed. Poche, Paris : France, 1991

LEÇON 2:

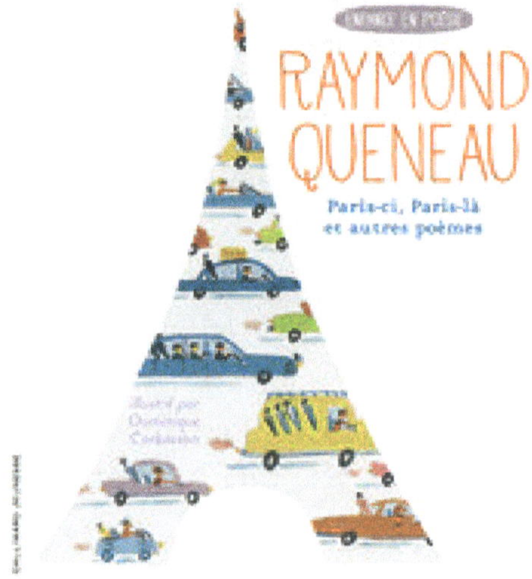

Raymond Queneau est un poète, romancier, dramaturge français, cofondateur du groupe poétique et littéraire Oulipo français qui a écrit deux manifestes avec une forme poètique libre qui combine l´art visuel et les thèmes classiques de la poésie. La très grande majorité des oeuvres oulipiennes se place dans une perspective syntaxique structuraliste. L´effort de création porte principalement sur tous les aspects formels de la littérature: structures alphabétiques, consonantiques, vocaliques, syllabiques, graphiques, prosodiques, numériques. Les aspects sémantqiues ont été laissées au bon plaisir du poète. Le groupe OuLiPo- Ouvroir de Littérature Potentielle- était formé par des poètes comme Guillaume Appolinaire, Georges Perec et Jacques Roubaud.

L´OuLiPo

Le groupe de l´OuLiPo entend rompre avec les recettes connues et inventer d´autres formules , plus particulièrement les structures abstraites des mathématiques, métrique et forme géométrique du poème carré. Nous aurons notamment des poèmes à la forme triangulaire, à la forme d´une hirondelle, d´une cravate comme était établi dans le second manifeste de la Bibliothèque Oulipienne : « la très grande majorité des oeuvres OuLiPiennes qui ont vu le jour jusqu´ici se place dans une perspective SYNTAXIQUE structurEliste (...)à ne pas confondre avec structurAliste (...) *Dans ces oeuvres, en effet, l´effort de création porte principalement sur tous les aspects formels de la littérature : contraintes, programmes ou structures alphabétiques, consonantiques, vocaliques, syllabiques, phonétiques, graphiques, prosodiques, rimiques, rythmiques et numériques. Par contre, les aspects sémantiques n´étaient pas abordés, la signification étant abandonnée au bon plaisir de chaque auteur et restant extérieure à toute préoccupation. » 1*

La poésie de Raymond Queneau célèbre la rue, les serviteurs, les animaux et insectes de nos jardins et le quotidien. **Voilà un poème:**

POÈME du XX ème Siècle

IXATNU SIOFNNUT I AVAY

Y avait une fois un taxi
Taxi taxi taximètre
Qui circulait dans Paris
Taxi taxi taxi cuit

Il aimait tant les voyages
Taxi taxi taximètre
qu´il allait jusqu´en Hongrie
taxi taxi taxi cuit

et qu´il traversait la Manche
taxi taxi taximètre
en empruntant le ferry
taxi taxi taxi cuit

un beau jour il arriva
taxi taxi taximètre
dans les déserts d´Arabie
taxi taxi taxi cuit

Il y faisait tellement chaud
Taxi taxi taximètre
Que sa carrosserie fondit
Taxi taxi taxi cuit

Et de même le châssis
Taxi taxi taximètre
Que sa carrosserie fondit
Taxi taxi taxi cuit

Et de même le châssis
Taxi taxi taximètre
Et tous les pneus y compris
Taxi taxi taxi cuit

Chauffeurs chauffeurs de taxi
Taxi taxi taximètre
Écoutez cette morale
Taxi taxi taxi cuit

Lorsque vous quittez Paris
Taxi taxi taximètre

Emportez un parapluie
Taxi taxi taxi cuit

Parapluie ou bien ombrelle
Taxi taxi taximètre
Un mot est bien vite dit
Taxi taxi taxi cuit

Raymond Queneau , Paris-ci, Paris là, Autres poèmes,
Gallimard :Paris, 1967

Questions:

1. Nous avons affaire à quel type de poème ?
2. Quels sont les mètres utilisés dans le poème ?
3. Quel est le trajet que fait le taxi dont parle le poème ? Comment cela est-il possible ? Comment est-ce qu´on le sait dans le poème ?
4. Que veut dire le poète par taxi cuit ?
5. Quel est le conseil que Raymond Queneau donne aux chauffeurs de taxi ?
6. Quels sont les pays que le taxi parcourt ? Sont-ils distantsou proches ? Avez-vous déjà fait un voyage pareil avec vos parents ?
7. Colorie les verbes du poème conjugués à l´imparfait et encadre les verbes à l´impératif ?
8. Quelle est la différence entre ombrelle et parapluie ?

Exercice 4

Organisez les vers de ce poème pour trouver l´ordre originel des vers tels qu´ils ont été disposés par le poète.

L´écolier

J´écrirai des nouvelles j´écrirai des romans
je mettrai l´orthographe mélancoliquement
où tout me paraîtra tellement étonnant
je décrirai les prés je décrirai les champs
j´écrirai le jeudi j´écrirai le dimanche
que revenu dans mon école
puis je voyagerai j´irai jusqu´en Iran
au Tibet au Népal
et ce qui est beaucoup plus intéressant
du côte de Sirius ou d´Algol
et même des paraboles
quand je n´irai pas à l´école
de mes aieux et de mes aieules
les broutilles et les bestioles

Raymond Queneau

EXERCICE 5 : Faites un poème de 10 vers sans exigences de rimes, au thème « les pigeons ». Choisissez un mètre de 10 syllabes et essayez de créer un rythme par des assonnances ou sons vocaliques répétés tel que : **on, an, en** et des allitérations ou consonnes répétées tel que : **peu, pou, pie, pas**

La Tour Eiffel

<u>Les Pigeons</u>

LEÇON 3:

BIOGRPHIE ET DÉFINITIONS

Guillaume Apollinaire est né à Rome d´un officier italien et d´une française originaire de la noblesse polonaise. Sa mère s´installe à Monaco en 1885 et il suit des études au lycée de Monaco, puis de Nice. Il s´installe à Paris en 1912 et exerce les activités de journaliste, poète, critique d´art et conférencier. Il obtient son premier succès en 1913 en publiant Alcools qui rassemble tous ses poèmes depuis 1889. Les calligrammes sont extraits du recueil de poésie de Guillaume Appolinaire, CALLIGRAMMES, POÈMES DE LA PAIX ET DE LA GUERRE publié en 1913-1916.

À Retenir

Faire un calligramme, c´est disposer les vers d´un poème selon les traits d´un **dessin quelconque**, C´est l´usage de **la ligne courbe** qui transgresse l´organisation traditionnelle du poème, toute entière basée sur la ligne droite, horizontale. Les Calligrammes rapprochent la poésie des arts plastiques. Sitôt la guerre déclarée par la France à l´Allemagne en 1914, Appolinaire y participe et son recueil de poésie n´est autre qu´un témoignage de guerre, des morts qu´elle a faits, de gens engagés.

Lire à haute voix!

Le mot calligramme a été inventé par le poète Guillaume Apollinaire en contractant deux mots: "calligraphie " et "idéogramme". Ce mot-valise qui fait référence à la beauté de l´écriture désigne donc une "poésie graphique". Le dessin graphique et la forme passent au premier plan, c´est après que vient s´ajouter le sens.

Calligramme 1: La Tour Eiffel dans un hommage à Paris

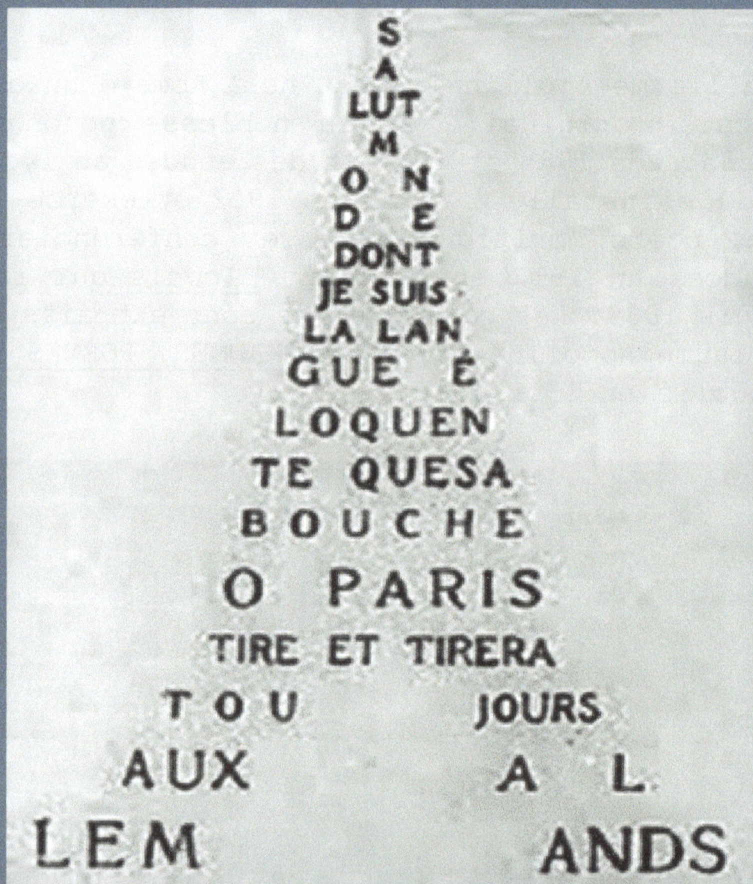

GUILLAUME APPOLINAIRE

ENTRAÎNEZ-VOUS !

EXERCICE 1 : Questions de compréhension :

1. Quel est le thème de ce calligramme?

2. Réecrivez le calligramme en **forme classique**? Combien de vers avez-vous obtenus?

3. Que signifie ce mot-valise : calligramme ?

4. **Colorie** les mots qui te paraissent importants pour donner sens au poème ?

5. Découpe les deux premiers vers en syllabes ? Combien en a t-il ?

6. Qu´est-ce que le poète veut dire avec l´emploi du verbe : « Tirera » ?

7. Pourquoi les Allemands sont-ils mentionnés dans le poème ?

8. Relève les allitérations en « L » et « T »contenues dans le poème ?

9. Relève toutes les assonances en « ou » ?

Orthographe

Exercice 2: Complétez les mots suivants par : /ã/ ou /õ/

Salut m**on**de d**on**t je suis

La l**an**gue éloquente

Toujours aux Allem**an**ds

1. Marr____te
2. Fatigu___t
3. L___g
4. D___se
5. Enf____ts
6. Ta mais_____

2. **Autres Calligrammes**:

La Colombe Poignardée et le Jet d´eau

Le bassin des mirois du château de Versailles

Douces figures poignardées Chères lèvres fleuries
MIA MAREYE
YETTE LORIE
ANNIE et toi MARIE
où êtes-
vous ô
jeunes filles
MAIS
près d'un
jet d'eau qui
pleure et qui prie
cette colombe s'extasie

Tous les souvenirs de naguère
O mes amis partis en guerre
Jaillissent vers le firmament
Et vos regards en l'eau dormant
Meurent mélancoliquement
Où sont-ils Braque et Max Jacob
Derain aux yeux gris comme l'aube

?

Où sont Raynal Billy Dalize
Dont les noms se mélancolisent
Comme des pas dans une église
Où est Cremnitz qui s'engagea
Peut-être sont-ils morts déjà
De souvenirs mon âme est pleine
Le jet d'eau pleure sur ma peine

CEUX QUI SONT PARTIS A LA GUERRE AU NORD SE BATTENT MAINTENANT
Le soir tombe O sanglante mer
Jardins où saigne abondamment le laurier rose fleur guerrière

Exercice 7:

1.Essayez de deviner le dessin graphique représenté par la forme structurelle des calligrammes:

Poème 1:

Poème 2:

Poème 3:

2. **À ton tour** réalise un calligramme avec **ces deux vers** de Arthur Rimbaud dans son poème: *Aube* de son recueil Illuminations 1886. Faire un calligramme, c´est disposer les vers d´un poème Selon les traits d´un dessin.

Aube

J´ai embrassé l´aube d´été

Rien ne bougeait encore au front du palais

(Arthur, Rimbaud, Les Illuminations, 1886)

La Seine et le Pont Neuf

3. **Le Jeu des syllabes détachées**:

Avec certains de ces syllabes détachées, tu peux compléter les mots et les phrases retirées du caligramme:

Poi **Fleu** **Jet** **Co** **Na**
San **Lau**

1. L´endroit où était ______________guère l´ancienne église.
2. Les rosiers _________________ris.
3. Elle a mouillé le jardin avec un seul_________d´eau.
4. Avant de quitter l´Angleterre, elle avait________gnardé le favori du roi.
5. L´histoire est un d´aventures, ________ gland certes.
6. L´aigle chasse des ____________lombes.

4. **Trouve l´intrus qui n´a pas le même sens que douloureuse. Vous pouvez colorier de la même couleur les synonymes de douloureuse:**

Douloureuse	Mauvaise	Pénible
Agréable	Insupportable	Joyeux

5. Relevez les personnifications et les métaphores utilisées dans le calligramme. Notez-les ?

6.Coloriez les mots importants pour le sens dans le poème ?

7.Résume les trois calligrammes. De quoi s´agit-il ?

8. Appolinaire a toujours voulu utiliser le vers libéré des rimes et aussi utiliser le vers de ligne courbe. Toutefois, dans le calligramme : « Le jet d´eau », il a utilisé des rimes. Note les rimes utilisée dans ce calligramme.

9. Relève les personnifications et métaphores contenues dans ce calligramme ? Note-les.

Pour Réviser

La personnification: attribue une idée d´un objet, d´une chose, d´un animal à une personne

La métaphore : assimile deux choses suivant un rapport de ressemblance quelconque

La comparaison : fait appel à 4 éléments : le comparant, le comparé, l´outil de comparaison « comme » et l´élément de comparaison, la qualité commune au comparant et au comparé

Les allitérations : répétition de la même consonne tout au long du poème

Les assonances : répétition d´un son vocalique tout au long du poème

10. Orthographe : oi/oie/ois/oit

Trouve l´intrus mal orthographié

1. Il a perdu du poids/pois
2. Je fais de l´aérobic une fois/foie par semaine
3. Il s´est coupé le doight/doit
4. Le jeu de l´oie/loi blanche a 63 cases
5. Sa voix/voie est rauque.

Le poème carré de Jean Lescure

Jean Lescure

Un peu d´histoire:

• Le carré Lescurien a été inventé par le poète et écrivain Jean Lescure (1912-2005) du groupe poétique du XX ème siècle, dit OuLiPO

• Le groupe rompt avec la forme classique du poème, le vers et sa métrique et maintient les figures de style. La poésie devient un jeu de mots, un exercice de style.

• Le carré est un diagramme de forme géométrique qui utilise 4 mots permutant entre eux. Ils peuvent être disposés à l´horizontale, à la diagonale ou à la versticale. On forme des phrases affirmatives, des phrases interrogatives, des phrases exclamatives, des vers de poème rythmés , un exercice de grammaire.

• C´est un exercice idéal pour enseigner la littérature, la poèsie la poèsie aux étudiants du collège et aux étudiants Fle

Démarche

• Choisir un point grammatical, un thème

• Choisir 4 mots disposés de 4 côtés

• Les verbes peuvent être conjugués ou la conjugaison reste au choix de l´auteur

• On procéde à la formation d´autant de phrases, de vers que l´on puisse forme

• On comprend que les étudiants auront à ajouter des propositions, des articles et même des mots mais toujours répéter les 4 mots du carré.

Poème Carré de Jean Lescure : Exemple

• Composer un poème carré, c´est travailler avec un nombre limité de mots permutants entre et rendant un sens différent à chaque fois. Voilà un poème carré de Jean Lescure, tiré de son recueil Drailles, que j´ai mis dans un carré geométrique à la façon de Georges Perec

Feuille de rose porte d´ombre

Ombre de feuille porte rose

Feuille, porte l´ombre d´une rose

Feuille rose à l´ombre d´une porte

Toute rose ombre une porte de feuille

Jean Lescure, *Poèmes carrés*, Drailles, éditions Gallimard, 1968

Exemple

Fleuve	**Rameur**
Le vent	**Penché**

1. Le rameur penché avance dans le fleuve poussé par le vent.

2. le vent, le rameur penché , le fleuve

3. Le vent porte le rameur penché

4. Fleuve plein de vent fait le rameur se pencher.

Exercices

En permutant ces quatres mots en toutes les directions possibles, faisant sens bien sûr, composez **des vers rythmés** en phrases affirmatives, négatives, exclamatives ou même interrogative. Donnez un titre à votre poème carré:

1.

Soleil	**Aurore**
Sommeil	**Confusion**

1.
2.
3.
4.

2.

Épines	**blessures**
Profondes	**dur**

1.
2.
3.
4.

3.

Secrects	**Coeur**
Brûlent	**Silence**

1.
2.
3.
4.

4.

Tombeau	**Monument**
Mort	**Revenir**

1.
2.
3.
4.

5.

Le serpent	**Venin**
Trembler	**Dégourdie**

1.
2.
3.
4.

Dossier 2: L´Absurde et le drame humain à valeur existentialiste

Unité 2 : le Théâtre

- ✓ Considérations sur le théâtre au XX ème siècle : ses thèmes, personnages et forme
- ✓ Séléction de deux dramaturges du XX ème siècle : Jean Paul Sartre et Jean Anouilh
- ✓ Lecture et analyse de scènes séléctionnées
- ✓ Jeux de langue et activités de coloriage
- ✓ La philosophie existentialiste : Histoire des idées
- ✓ Répétition des scènes et désignation de rôles
- ✓ Présentation des pièces

LE THÉÂTRE ET ACTIVITÉS

DÉFINITIONS

Le théâtre du XXème siècle se renouvelle au niveau des thèmes et de l´intrigue. Sa forme change au XXème, il se libère de sa forme cannonique de 5 actes et de 5 scènes faites de sortie et d´entrée des personnages principaux et secondaires. Désormais nous avons des pièces de théâtre avec 1 seul acte et 5 scènes mais ce n´est pas toujours le cas, d´autres auteurs continuent à écrire des pièces volumineuses. Le langage du théâtre évolue aussi , sa structure aussi, il se veut plus physique, plein de la peinture de la cruauté humaine et mettre l´accent sur l´incommunicabilité entre les individus, l´absurde du partage que permet le langage et le dépassement par l´action. Des dramaturges comme Jean Anouilh, Samuel Beckett, Eugène Ionesco, Henry de Monterlant et Jean Cocteau forment le théâtre d´après la première guerre mondiale.

Deux dramaturges feront l´objet de cette unité Jean Paul Sartre avec <u>Huis Clos</u> 1944 et Jean Anouilh avec <u>Antigone</u>(1954)

LEÇON 1

Sartre, Jean Paul. Huis Clos, Paris : Ed. Gallimard, 1947

Jean-Paul Sartre, né et mort à Paris (1905-1980), élève de l´École normale supérieure, philosophe, enseignant, romancier et dramaturge. Il a été connu au théâtre par ses pièces : Les Mouches 1943 et surtout Huis Clos 1944 qui est sans doute son chez-d´oeuvre et ce qui fait sa philosophie existentialiste. Huis Clos tient place dans l´enfer. Garcin, Inès et Estelle se trouvent en attente et emprisonnés dans une chambre mystérieuse pour l´éternité faisant résonner la phrase célèbre de Sartre : « L´enfer, ce sont les autres », la souffrance des autres pour subsister. L´unique rédemption que la philosophie de Sartre offre à l´humain, c´est la supération du tragique et de la méchanceté humaine par l´action. Il n´y a aucune place du divin dans la philosophie existentialiste de Sartre. L´homme est avant tout existence, il n´existe que dans la mesure où il se réalise, il n´est rien d´autre que l´ensemble de ses actes, ses décisions. Il échappe au néant par son engagement.

Voilà un extrait de la première scène de Huis Clos. Lisez la scène attentivement :

Exercice 1 : Lecture de scène

SCÈNE PREMIÈRE

GARCIN, LE GARÇON D'ÉTAGE

Un salon style Second Empire. Un bronze sur la cheminée.
GARCIN, il entre et regarde autour de lui. Alors voilà.
LE GARÇON Voilà.
GARCIN : C'est comme ça ... ,J´...
LE GARÇON : C'est comme ça.
GARCIN : Je?• .. Je pense qu'à la longue on doit s'habituer aux meubles.
LE GARÇON : Ça dépend des personnes.
GARCIN Est-ce que toutes les chambres sont pareilles ?
14 Huis clos
LE GARÇON : Pensez-vous . Il nous vient des Chinois, des Hindous. Qu'est-ce que vous voulez qu'ils fassent d'un fauteuil second Empire ?
GARCIN Et moi, qu'est-ce que vous voulez que j'en fasse ? Savez-vous qui j 'étais ? Bah ! ça n'a aucune importance. Après tout, je vivais toujours dans des meubles que je n'aimais pas et des situations fausses ; j 'adorais ça. Une situation fausse dans une salle à manger Louis-Philippe, ça ne vous dit rien ?
LE GARÇON : Vous verrez : dans un salon second Empire .. ça n'est pas mal non plus .
GARCIN Ah! bon. Bon, bon, bon. (Il regarde autour de lui.) Tout de même, je ne me serais pas attendu ... Vous n'êtes pas sans savoir ce qu'on raconte là bas ?
LE GARÇON :Sur quoi?
GARCIN : Eh bien . . . (avec un geste vague et large) sur tout ça.
- LE GARÇON : Comment pouvez-vous croire ces âneries ? Des personnes qui n'ont jamais mis les pieds ici . Car enfin, si elles y étaient venues ... Oui.
Scène première
GARCIN :15 Ils rient tous deux.
GARCIN, redevenant sérieux tout à coup. Où sont les pals ? LE GARÇON : Quoi ?
GARCIN :Les pals, les grils, les entonnoirs de cuir.
LE GARÇON : Vous voulez rire ?
GARCIN, le regardant. Ah ? Ah bon. Non, je ne voulais pas rire. (Un silence. Il se promène.) Pas de glaces, pas de fenêtres, naturellement. Rien de fragile. (Avec une violence», subite:) Et pourquoi m'a-t-on ôté ma brosse à dents ?
LE GARÇON : Et voilà. Voilà la dignité humaine qui vous revient. C'est formidable ..
GARCIN, frappant sur le bras du fauteuil avec colère. Je vous prie de m'épargner vos familiarités. Je n'ignore rien de ma position, mais je ne supporterai pas que vous ...
LE GARÇON : Là! là! Excusez-moi . Qu'est-ce que vous voulez, tous les clients posent la même question. Ils 16 Huis clos s'amènent : « Où sont les pals ? » A ce moment là, je vous jure qu'ils ne songent pas à faire leur toilette. Et puis, dès qu'on les a rassurés, voilà la brosse à dents . Mais, pour l 'amour de Dieu, est-ce que vous ne pouvez pas réfléchir ? Car enfin, je vous le demande, pourquoi vous brosseriez-vous les dents ?

GARCIN, calmé. Oui, en effet, pourquoi ? (Il regarde autour de lui.) Et pourquoi se regarderait-on dans les glaces ?

Tandis que le bronze, à la bonne heure ... J'imagine qu'il y a de certains moments Où je regarderai de tous mes yeux. De tous mes yeux, hein ? Allons, allons, il n'y a rien à cacher ; je vous dis que je n'ignore rien de ma position Voulez-vous que je vous raconte comment cela se passe ? Le type suffoque, il s'enfonce, il se noie, seul son regard est hors de l'eau et qu'est-ce qu'il voit ? Un bronze de Barbedienne. Quel cauchemar! Allons, on vous a sans doute défendu de me répondre, je n'insiste pas. Mais rappelez-vous qu'on ne me prend pas au dépourvu, ne venez pas vous vanter de m'avoir surpris ; je regarde la situation en face. (Il reprend sa marche.) Donc, pas de brosse à dents. Pas de lit non plus . Car on ne dort jamais, bien entendu ?

LE GARÇON : Dame!

GARCIN : Je l'aurais parié. Pourquoi dormirait-on ? Le sommeil vous prend derrière les oreilles.
Vous sentez vos yeux qui se ferment, mais pourquoi dormir ? Vous vous allongez sur le canapé et pffft ... le sommeil s'envole. Il faut se frotter les yeux, se relever et tout recommence.
LE GARÇON : Que vous êtes romanesque !
GARCIN :Taisez-vous. Je ne crierai pas, je ne gémirai pas, mais je veux regarder la situation en face. Je ne veux pas qu'elle saute sur moi par-derrière, sans que j'aie pu la reconnaître. Romanesque ? Alors c'est qu'on n'a même pas besoin de sommeil ? Pourquoi dormir si on n'a pas sommeil ? Parfait. Attendez ..• Attendez : pourquoi est-ce pénible ? Pourquoi est-ce forcément pénible ? J'y suis : c'est la vie sans coupure.
(...)

Le garçon sort.

(Jean-Paul Sartre, Huis Clos)

Jean-Paul Sartre, Huis Clos. Ed. Folio : Paris, 2019

Questions de Compréhension et d´Interprétation

Exercice 2:Remplis les grilles par **deux mots du texte** qui appartiennent aux **mêmes** champs sémantiques abordés dans cette scène. La pièce fait référence au Second Empire **(1852-1970)**

1.

Précarité du logis

2.

Travail laborieux

3.

L´apparât

Enrichir son lexique

Exercice 3 :Donnez la définition des mots donnés et faites des phrases avec chaque expression donnée.

1.

Huis Clos.

Prendre au dépourvu.

a. ____________________

b.______________________

2.

c. ____________________

d.______________________

ENTRAÎNEZ-VOUS ! À VOUS LA PAROLE !

Exercice 3 : Répondez aux questions de compréhension sur la première scène de Huis Clos

1. Qu´est-ce que Garcin n´aime pas ?
2. De quelle époque datent les meubles ?
3. Y a-t-il un lit dans la chambre ?
4. Y a-t-il un miroir ? une fenêtre ?
5. Quel est l´état d´esprit de Garcin dans cette scène ?
6. Pourquoi répète t-il à plusieurs reprises qu´il ne veut pas être pris au dépourvu ?
7. Y a t-il d´autres résidents dans l´hôtel où Garcin est allé ? qu´est-ce qui suggère qu´il est dans une chambre d´hôtel ?

Exercice 4 : le projet communicatif

Reproduisez en 12 lignes une situation pareille à celle des personnages de Huis Clos dans laquelle vous vous êtes retrouvés coincés avec des personnes différentes de vous et avec lesquelles vous ne vous entendez pas nécessairement mais vous devez coexister. Décrivez dans le contexte des idées de la philosophie existentialiste ce que vous faites ensemble pour survivre à cette situation délicate. Ponctuez votre projet de plaintes et d´ennui existentiel. Utilisez un maximum de dialgue possible entre les membres de votre groupe.

Les situations peuvent être les suivantes :

-Un projet de science

-Prendre l´ascenseur

-Une fête

-L´autobus

Exercice 5 : Le jeu de coloriage

Colorez les idées qui font partie de la philosophie existentialiste en rouge et laisser celles qui n´en font pas partie en blanc.

C´est une philosophie athée.
Individualisme moral et choix.
Se laisser guider par le divin.
Vaincre l´angoisse existentialielle par l´action.
Croit en la bonté de l´humain.
C´est une philosophie optimiste et positive.

Exercice 6 : Répétition de la première scène pendant une semaine et présentation de la pièce en cours.

LEÇON 2:

Jean Anouilh est né à Bordeaux le 25 juin 1916 dans une famille sans fortune. Transplanté à Paris, il a fait ses études à l´école Colbert, au Collège Chaptal et il s´est fait inscrire à la Faculté de droit où il n´est resté qu´un an et demi. Il entre ensuite dans une maison de publicité, il a été sans doute un publiciste excellent. Il a tenté après sa chance comme auteur dramatique et a publié plusieurs pièces. Certaines ont été classifiée comme noires : Antigone 1942, L´Hermine, La sauvage, le voyageur sans bagage ; et des pièces roses comme le Bal des Voleurs, le rendez-vous de Senlis, Leocadia,...

Antigone de Jean Anouilh reprend l´Antigone de Sophocle mais sur un ton modifié, plus moderne. La révolte fait le thème d´Antigone mais il s´agit d´une révolte calme et délibérée. Antigone pense que dans un instant elle va se dresser seule en face du monde et mourrir, elle sent qu´elle s´éloigne à une vitesse vertigineuse de sa soeur Ismène et de tous ceux qui sont bien tranquilles à regarder. Hémon le fiancé d´Antigone est le fils de Créon.

Dans la scène ci-bas, Créon et Antigone parlent du bonheur et de son amour pour Hémon. Les idées d´Antigone et de Créon véhiculant les idées de Jean Anouilh lui-même qui a été connu pour avoir inspiré cette phrase tant célèbre à Sartre dans Les Mouches : « *la vie humaine commence de l´autre côté du desespoir.* »

Sartre, Jean Paul. Les Mouches. Ed. Bordas : Paris, 1999

Anouilh, Antigone (Partie 3)

Antigone : *murmure*, le regard perdu : Le bonheur...
Créon a un peu honte soudain : Un pauvre mot, hein ?
Antigone, doucement : Quel sera-t-il, mon bonheur ? Quelle femme heureuse deviendra-t-elle, la petite Antigone ? Quelles pauvretés faudra-t-il qu´elle fasse elle aussi, jour par jour, pour arracher avec ses dents son petit lambeau de bonheur ? Dites, à qui devra-t-elle mentir, à qui sourire, à qui se vendre ? Qui devra-t-elle laisser mourir en détournant le regard ?

Créon hausse les épaules : Tu es folle, tais-toi.
Antigone : Non, je ne me tairai pas. Je veux savoir comment je m´y prendrai, moi aussi, pour être heureuse. Tout de suite, puisque c´est tout de suite qu´il faut choisir. Vous dites que c´est si beau la vie. Je veux savoir comment je m´y prendrai pour vivre.
Créon : Tu aimes Hémon ?
Antigone : Oui, j´aime Hémon. J´aime un Hémon dur et jeune ; un Hémon exigeant et fidèle, comme moi. Mais si votre vie, votre bonheur doivent passer sur lui avec leur usure, si Hémon ne doit plus pâlir quand je pâlis, s´il ne doit plus se sentir seul au monde et me détester quand je pâlis, s´il ne doit plus se sentir seul au monde et me détester quand je ris sans qu´il sache pourquoi, s´il doit devenir près de moi le monsieur Hémon, s´il doit apprendre à dire « oui », lui aussi, je n´aime plus Hémon !
CRÉON : Tu ne sais plus ce que tu dis. Tais-toi.
ANTIGONE : Si, je sais ce que je dis, mais c´est vous qui ne m´entendez plus. Je vous parle de trop loin maintenant, d´un royaume où vous ne pouvez plus entrer avec vos rides, votre sagesse, votre ventre. (Elle rit.) Ah !je ris, Créon, je ris parce que je te vois à quinze ans, tout d´un coup ! C´est le même air d´impuissance et de croire qu´on peut tout. La vie t´a seulement ajouté tous ces petits plis sur le visage et cette graisse autour de toi.
Créon la secoue : Pourquoi veux-tu me faire taire ? Parce que tu sais que j´ai raison ? Tu crois que je ne lis pas dans tes yeux que tu le sais ? Tu sais que j´ai raison, mais tu ne l´avoueras jamais parce que tu es en train de défendre ton bonheur en ce moment comme un os.
Créon : le tien et le mien, oui, imbécile !
Antigone : Vous me dégoûtez tous avec votre bonheur ! Avec votre vie qu´il faut aimer coûte que coûte. On dirait des chiens qui lèchent tout ce qu´ils trouvent.
Et cette petite chance pour tous les jours, si on n´est pas trop exigeant. Moi, je ne veux pas être modeste, moi, et me contenter d´un petit morceau si j´ai été bien sage. Je veux être sûre de tout aujourd´hui et que cela soit aussi beau que quand j´étais petite-ou mourir.
Créon : Allez, commence, commence comme ton père !
Antigone : Comme mon père, oui ! Nous sommes de ceux qui posent les questions jusqu´au bout. Jusqu´à ce qu´il ne reste vraiment plus la petite chance d´espoir vivante, la plus petite chance d´espoir à étrangler.
Nous sommes de ceux qui lui sautent dessus quand ils le rencontrent votre espoir, votre cher espoir, votre sale espoir !

Créon : Tais-toi ! Si tu te voyais criant ces mots, tu es laide.
Antigone : (...) Ah ! vos têtes, vos pauvres têtes de candidats au bonheur ! C´est vous qui êtes laids, même les plus beaux. Vous avez des têtes de cuisiniers !
Créon lui broie le bras : Je t´ordonne de te taire, maintenant, tu entends ?
Antigone : Tu m´ordonnes, cuisinier ? Tu crois que tu peux m´ordonner quelque chose ?
Créon : L´antichambre est pleine de monde. Tu veux donc te perdre ? On va t´entendre.
Antigone : Eh bien, ouvre les portes. Justement. Ils vont m´entendre !

(...)

Anouilh, Jean. <u>Antigone</u>, Ed. La Table Ronde : Paris, 2016

Entraînez-Vous ! À vous la Parole !

EXERCICE 1 : Remplis les grilles par deux mots du texte qui appartiennent aux mêmes champs sémantiques abordés dans cette scène.

1. Selon Antigone :

Le bonheur

2. Selon, Créon :

Le bonheur

3. Se taire, que faire selon Créon ?

Hausse les épaules

4. L´amour pour Hémon, selon Antigone.

Pâlir quand je pâlis

Exercice 2 : Répondez aux questions de compréhension sur la scène entre Antigone et Créon :

1. Que pense Antigone du bonheur de Créon et du passage du temps ?
2. Quelle est sa conception de l´amour ?
3. Pourquoi romperait-elle avec Hémon ?
4. Que doit-elle faire, selon elle, pour arracher un peu de bonheur ?
5. Quelle est votre conception à vous du bonheur ? de l´amour ? est-il fait seulement de l´amour ou est-ce qu´il y a autres facteurs qui contribuent au bonheur ?

Exercice 3 : Le projet communicatif

Travaillez en groupe de 3 personnes. Posez des questions à l´un l´autre sur la beauté et le bonheur. Comment un fait l´autre, comme semble le penser Antigone qui ne pense pas qu´elle est belle par rapport à sa soeur Ismène ? Que semble jouer l´entente et la modération dans le bonheur ? l´intensité d´Antigone dans cette pièce est-elle recommandée ? Est-elle le précurseur de sa mort et de la mort de sa flamme pour Hémon ? Faites **15 questions et répliques en tout.**

Exercice 4: Enrichir son lexique

Donnez la définition des mots donnés et faites des phrases avec chaque expression donnée.

1.

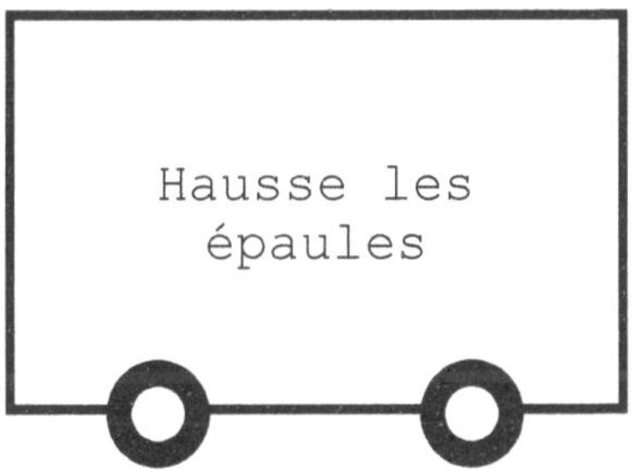

a. ____________________ b. ____________________

2.

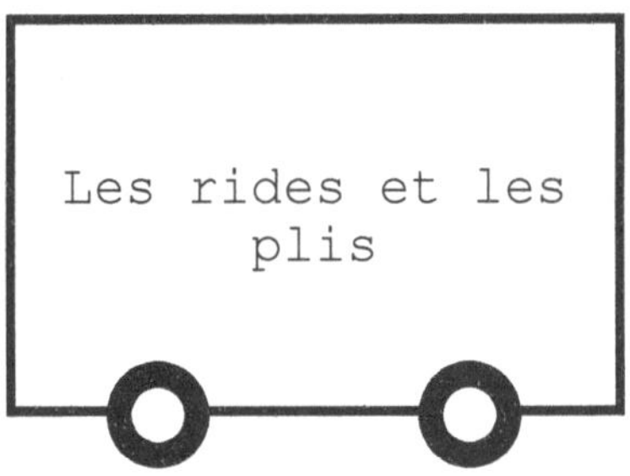

c. ____________________ d. ____________________

Exercice 5 : Répétez la scène étudiée dans le cours pendant 1 semaine et à la maison aussi et faites la présentation en salle de cours. Mémorisez les questions et répliques

DOSSIER 3 : DU ROMAN RÉALISTE DU XIXème AU ROMAN PSYCHOLOGIQUE ET SYMBOLISTE DU XXème SIÈCLE

Unité 3: Romans et Commentaire Composé

- ✓ Connaître quelques auteurs de la littérature
- ✓ Lecture des textes proposés pendant le cours et hors du cours
- ✓ Règles du commentaire composé
- ✓ Commentaire composé-modèle
- ✓ Faire des commentaires composés des passages suggérés

RÈGLES DU COMMENTAIRE COMPOSÉ

Un commentaire composé est plus limité qu´une dissertation. Il se fait généralement sur un passage retiré d´un livre au programme au lycée ou au collège. Un passage de l´oeuvre avec une thématique spécifique fait l´objet du commentaire composé et l´analyse des idées abordées dans le passage séléctionné sans élargir le débat à l´oeuvre entière de l´auteur.

Avant de faire **le commentaire composé**, il faudra avoir lu :

1) La biographie de l´auteur

2) Le roman

3) **Identifié les thèmes** adressés par l´écrivain dans l´oeuvre entière.

4) **Trouvé** dans le texte le temps et l´espace où est située la trame ainsi que les figures stylistiques et le genre d´écriture choisis par l´auteur. L´histoire racontée se passe dans un lieu ou plusieurs lieux et aussi pendant une période temporelle (fictionnelle ou historique : cinq mois après ou en 1636) spécifique d´où l´utilisation de compléments circonstanciels de lieu et de temps.

5) Défini le type du récit fictionnel choisi par l´auteur: **Les récits littéraires** varient d´auteurs par auteurs, certains choisissent le récit d´une histoire fictionnelle avec des éléments historiques, sociologiques, psychologiques ou philosophiques, d´autres une autofiction, certains optent pour la narration d´aventures en progession. Selon **le mode de la narration**, le romancier varie les temps verbaux de narration, « ***la grammaire du texte*** » comme dit Gérard Genette dans **Figures III**. Dans une même **histoire autobiographique ou fictionnelle**, il peut utiliser le passé simple, le passé composé, l´imparfait, le présent, le présent progressif, le futur et les autres temps composés. L´histoire racontée se passe dans **un lieu** ou **plusieurs lieux** et aussi pendant une **période temporelle (fictionnelle ou historique : cinq mois après ou en 1636)** spécifique d´où l´utilisation de compléments circonstanciels de lieu et de temps.

6) **Adressé** l´attitude narrative de l´auteur /narrateur qui peut prendre la forme d´un personnage participant de l´histoire mais de façon discrète et ambiguë dans la forme du pronom personnel « je ». Il peut aussi se tenir à distance et laisser la parole à ses personnages multiples, « **des égo expérimentaux** » et **fondamentaux** pour toute fiction ayant des noms et des rôles spécifiques dans le récit et n´intervenir que comme autorité supérieure pour juger ou faire des considérations objectives.

Une fois le sujet du commentaire composé révélé, il faudra **observer les consignes suivantes:**

- ✓ **Les étudiants** doivent lire le passage séléctionné, souligner tout le lexique qui se rapporte de proche ou de loin au thème à commenter et procéder immédiatement à la rédaction du commentaire composé à la lumière de tout ce qui a été étudié pendant le cours et de toutes les lectures critiques complémentaires.
- ✓ **L´étudiant** doit faire attention aux fautes d´orthographe, à la ponctuation, au nombre de paragraphes et à la concordance temporelle. Il ne faudra pas aussi oublier d´appuyer certaines affirmations par des citations du texte donné.
- ✓ **Il faudra** éviter la paraphrase pure et simple et lire le passage donné à la lumière de toute l´information étudiée à propos de l´auteur, du mouvement littéraire auquel appartient l´oeuvre et aux thèmes abordés dans le passage séléctionné mais aussi dans le reste de l´oeuvre.
- ✓ Il faudra utiliser des connecteurs logiques entre les paragraphes, écrire une introdution et une conclusion suivant le plan défini avant d´entammer la rédaction.

Le premier commentaire composé-prototype sera consacré à l´oeuvre de Benjanmin Constant: Adolphe et le second sera consacré à l´oeuvre de Georges Rodenback: Bruges la Morte.

LEÇON 1

Adolphe de Benjamin Constant

Écrit en 1806 et publié en 1816, Adolphe est un roman d´analyse qui raconte la décomposition d´une relation amoureuse.

Lecture 1:

Chapitre IX

Je n'étais pas retourné chez le baron de T** depuis ma dernière visite. Un matin je reçus de lui le billet suivant:
« Les conseils que je vous avais donnés ne méritaient pas une si longue absence. Quelque parti que vous preniez sur ce qui vous regarde, vous n'en êtes pas moins le fils de mon ami le plus cher, je n'en jouirai pas moins avec plaisir de votre société, et j'en aurai beaucoup à vous introduire dans un cercle dont j'ose vous promettre qu'il vous sera agréable de faire partie. Permettez-moi d'ajouter que, plus votre genre de vie, que je ne veux point désapprouver, a quelque chose de singulier, plus il vous importe de dissiper des préventions mal fondées, sans doute, en vous montrant dans le monde. »

J´ai été reconnaissant de la bienveillance qu'un homme âgé me témoignait. Je me suis rendu chez lui; il n´a point été question d'Ellénore. Le baron m´a retenu à dîner: il n'y avait, ce jour-là, que quelques hommes assez spirituels et assez aimables. J´ai été d'abord embarrassé, mais j´ai fait effort sur moi-même; je me suis ranimé, j´ai parlé; j´ai déployé le plus qu'il m´a été possible de l'esprit et des connaissances. Je me suis aperçu que je réussissais à captiver l'approbation.

J´ai retrouvé dans ce genre de succès une jouissance d'amour-propre dont j'avais été privé dès longtemps; cette jouissance m´a rendu la société du baron de T** plus agréable.

Mes visites chez lui se multiplièrent. Il m´a chargé de quelques travaux relatifs à sa mission, et qu'il croyait pouvoir me confier sans inconvénient.

Ellénore a été d'abord surprise de cette révolution dans ma vie; mais je lui ai parlé de l'amitié du baron pour mon père, et du plaisir que je goûtais à consoler ce dernier de mon absence, en ayant l'air de m'occuper utilement. La pauvre Ellénore, je l'écris dans ce moment avec un sentiment de remords, a éprouvé plus de joie de ce que je paraissais plus tranquille, et s´est résignée, sans trop se plaindre, à passer souvent la plus grande partie de la journée séparée de moi. Le baron, de son côté, lorsqu'un peu de confiance a été établie entre nous, m´a reparlé d'Ellénore. Mon intention positive était toujours d'en dire du bien, mais, sans m'en apercevoir, je m'exprimais sur elle d'un ton plus leste et plus dégagé: tantôt j'indiquais, par des maximes générales, que je reconnaissais la nécessité de m'en détacher; tantôt la plaisanterie venait à mon secours ; je parlais en riant des femmes et de la difficulté de rompre avec elles. Ces discours amusaient un vieux ministre dont l'âme était usée, et qui se rappelait vaguement que, dans sa jeunesse, il avait aussi été tourmenté par des intrigues d'amour. De la sorte, par cela seul que j'avais un sentiment caché, je trompais plus ou moins tout le monde: je trompais Ellénore, car je savais que le baron voulait m'éloigner d'elle, et je le lui taisais; je trompais M. de T**, car je lui laissais espérer que j'étais prêt à briser mes liens. Cette duplicité était fort éloignée de mon caractère naturel; mais l'homme se déprave dès qu'il a dans le cœur une seule pensée qu'il est constamment forcé de dissimuler.Jusqu'alors je n'avais fait connaissance chez le baron de T**, qu'avec les hommes qui composaient sa société particulière. Un jour il m´a proposé de rester à une grande fête qu'il donnait pour la naissance de son maître

« Vous y rencontrerez, me dit-il, les plus jolies femmes de Pologne : vous n'y trouverez pas, il est vrai, celle que vous aimez ; j'en suis fâché, mais il y a des femmes que l'on ne voit que chez elles ». J´ai été péniblement affecté de cette phrase ; j´ai gardé le silence, mais je me reprochais intérieurement de ne pas défendre Ellénore, qui, si l'on m'avait attaqué en sa présence, m'aurait si vivement défendu.

L'assemblée était nombreuse; on m'examinait avec attention. J'entendais répéter tout bas, autour de moi, le nom de mon père, celui d'Ellénore, celui du comte de P**. On se taisait à mon approche; on recommençait quand je m'éloignais. Il m'était démontré que l'on se racontait mon histoire, et chacun, sans doute, la racontait à sa manière; ma situation était insupportable ; mon front était couvert d'une sueur froide. Tour à tour je rougissais et je pâlissais.

Le baron s'est aperçu de mon embarras. Il est venu à moi, a redoublé d'attentions et de prévenances, chercha toutes les occasions de me donner des éloges, et l'ascendant de sa considération força bientôt les autres à me témoigner les mêmes égards.

Lorsque tout le monde s´est retiré:

« Je voudrais, me dit M. de T**, vous parler encore une fois à cœur ouvert. Pourquoi voulez-vous rester dans une situation dont vous souffrez?

À qui faites-vous du bien? Croyez-vous que l'on ne sache pas ce qui se passe entre vous et Ellénore? Tout le monde est informé de votre

aigreur et de votre mécontentement réciproque. Vous vous faites du tort par votre faiblesse, vous ne vous en faites pas moins par votre dureté; car, pour comble d'inconséquence, vous ne la rendez pas heureuse, cette femme qui vous rend si malheureux.
J'étais encore froissé de la douleur que j'avais éprovée. Le baron me montra plusieurs lettres de mon père. Elles annonçaient une affliction bien plus vive que je ne l'avais supposée. Je fus ébranlé. L'idée que je prolongeais les agitations d'Ellénore vint ajouter à mon irrésolution.

Enfin, comme si tout s'était réuni contre elle, tandis que j'hésitais, elle-même, par sa véhémence, acheva de me décider. J'avais été absent tout le jour ; le baron m'avait retenu chez lui après l'assemblée ; la nuit s'avançait. On me remit, de la part d'Ellénore, une lettre en présence du baron de T**. Je vis dans les yeux de ce dernier une sorte de pitié de ma servitude. La lettre d'Ellénore était pleine d'amertume.

« Quoi ! me dis-je, je ne puis passer un jour libre ! Je ne puis respirer une heure en paix ! Elle me poursuit partout, comme un esclave qu'on doit ramener à ses pieds » ; et, d'autant plus violent que je me sentais plus faible :

« Oui, m'écriai-je, je le prends, l'engagement de rompre avec Ellénore, j'oserai le lui déclarer moi-même, vous pouvez d'avance en instruire mon père. »

En disant ces mots, je me suis élancé loin du baron. J'étais oppressé des paroles que je venais de prononcer, et je ne croyais qu'à peine à la promesse que j'avais donnée.

Ellénore m'attendait avec impatience. Par un hasard étrange, on lui avait parlé, pendant mon absence, pour la première fois, des efforts du baron de T** pour me détacher d'elle. On lui avait rapporté les discours que j'avais tenus, les plaisanteries que j'avais faites. Ses soupçons étant éveillés, elle avait rassemblé dans son esprit plusieurs circonstances qui lui paraissaient les confirmer. Ma liaison subite avec un homme que je ne voyais jamais autrefois, l'intimité qui existait entre cet homme et mon père, lui semblaient des preuves irréfragables. Son inquiétude avait fait tant de progrès en peu d'heures que je la trouvai pleinement convaincue de ce qu'elle nommait ma perfidie.

J'étais arrivé auprès d'elle, décidé à tout lui dire.

Accusé par elle, le croira-t-on ? je ne m'occupai qu'à tout éluder. J´ai nié même, oui, j´ai nié ce jour-là ce que j'étais déterminé à lui déclarer le lendemain.

Il était tard ; je l´ai quittée ; je me suis hâté de me coucher pour terminer cette longue journée ; et quand j´ai été bien sûr qu'elle était finie, je me suis senti, pour le moment, délivré d'un poids énorme.
Je ne me suis levé le lendemain que vers le milieu du jour, comme si, en retardant le commencement de notre entrevue, j'avais retardé l'instant fatal.

Ellénore s'était rassurée pendant la nuit, et par ses propres réflexions et par mes discours de la veille. Elle m´a parlé de ses affaires avec un air de confiance qui n'annonçait que trop qu'elle regardait nos existences comme indissolublement unies. Où trouver des paroles qui la repoussassent dans l'isolement ?

Le temps s'écoulait avec une rapidité effrayante. Chaque minute ajoutait à la nécessité d'une explication. Des trois jours que j'avais fixés, déjà le second était près de disparaître ; M. de T** m'attendait au plus tard le surlendemain. Sa lettre pour mon père était partie et j'allais manquer à ma promesse sans avoir fait pour l'exécuter la moindre tentative. Je sortais, je rentrais, je prenais la main d'Ellénore, je commençais une phrase que j'interrompais aussitôt, je regardais la marche du soleil qui s'inclinait vers l'horizon. La nuit revint, j'ajournai de nouveau. Un jour me restait : c'était assez d'une heure.

Ce jour s´est passé comme le précédent. J'ai écrit à M. de T** pour lui demander du temps encore : et, comme il est naturel aux caractères faibles de le faire, j'entassai dans ma lettre mille raisonnements pour justifier mon retard, pour démontrer qu'il ne changeait rien à la résolution que j'avais prise, et que, dès l'instant même, on pouvait regarder mes liens avec Ellénore comme brisés pour jamais.

(...)

Constant, Benjamin, Adolophe, Paris: GF-Flammarion, 1989

Entraînez-Vous ! À vous la Parole !

Questions de compréhension et d´interprétation

1. Quel est le genre littéraire de ce texte ?

a. Roman autobiographique
b. Roman psychologique
c. Roman épistolaire

2. Quels sont les personnages dans ce récit ?
3. De par ses hésitations, comment peut-on qualifier le caractère d´Adolphe ? Relevez toutes les phrases qui décrivent son caractère ?
4. Pourquoi l´amour d´Elléanore et d´Adolphe est-il condamné ?
5. Faites une liste de tous les thèmes abordés dans ce chapitre ?

Exercice 2 : Remplissez chaque champ lexical par les mots qui l´amplifient du texte

1.

2.

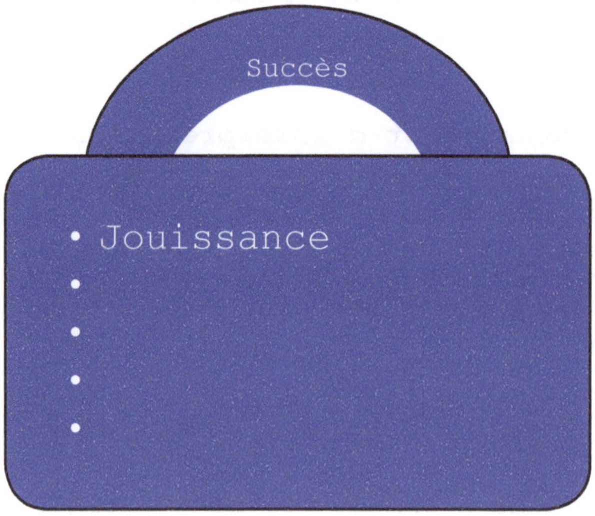

3.

<u>Exercice 3</u> : Le texte à trous

Complète le paragraphe avec les mots manquants.

Résolution-agréable-L´approbation-preuves-soupçonner

Son succès a pu lui faire captiver (1) ______de ses proches et supérieurs. La société avec les autres lui est devenue plus (2)______et sa (3) _______de rompre avec Eléonore s´est raffermie.

Eléonore a commencé à le (4)________de vouloir se distancier d´elle et elle avait réuni plusieurs(5)_____________pour être sûre.

<u>Exercice 4</u> : Lis les mots et asssocie leurs synonymes qui sont contenus dans le texte

1. Ne pas révéler
2. Caractère feint
3. Meurtrir par une pression violente
4. Remplir d´amertume
5. Se séparer de sa femme

<u>Exercice 5</u> : Faites le relevé de 4 questions contenues dans l´extrait de Adolphe donné ci-dessous. Imaginez et Faites des questions que les personnages de cet extrait peuvent se poser. Formulez 4 questions.

1.
2.
3.
4.

Exemple Rédigé de Commentaire Composé et Critique Littéraire:

Les Revers de la Passion: Rupture et Contraintes

Introduction :

Adolphe est un roman qui a été publié au début du XIX ème siècle en 1816 et donc ce roman s´encadre dans le mouvement de la littérature romantique et ici surtout une intrigue psychologique dans laquelle le personnage principal Adolphe étale au long du roman ses humeurs, ses inconstances, ses instabilités de jeune homme sans expérience dans le domaine de la vie et de l´amour entouré de figures paternelles notamment son père et le comte de P. le mari d´Elénore, l´autre personnage principal du roman et M. de T*** l´ami de son père qui l´introduit en société faite d´aristocrates aisés qui aiment socialiser et déployer de l´esprit et les connaissances dans les salons.

Le Développement:

Pour retourner au thème de notre commentaire composé, revers de l´amour: rupture et contrainte. Le chapitre 9 s´ouvre montrant Adolphe lisant une lettre de l´ami de son père M. de T*** dans laquelle elle lui prodigue quelques conseils et il fait quelques réflexions sur le genre de vie qu´Adolphe mène et qui est assez étrange et permissif puisqu´il vit hors du mariage une relation amoureuse avec une femme séparée de son amant et plus âgée que lui. Ce qui est étonnant c´est qu´Adolphe se présente comme un jeune héros incertain de lui même et qui laisse l´espace aux adultes pour le contrôler et prendre des décisions dans sa vie:

"Je sortais, je rentrais, je prenais la main d'Ellénore, je commençais une phrase que j'interrompais aussitôt, je regardais la marche du soleil qui s'inclinait vers l'horizon. La nuit revint, j'ajournai de nouveau. Un jour me restait: c'était assez d'une heure."[1]

Le travail que M. de T*** offre à Adolphe va l´aider à s´écarter sans trop de dégâts d´Ellénore: " *Oui, m´écriai-je, je le prends, l´engagement de rompre avec Ellénore, j´oserai de le lui déclarer moi-même, vous pouvez d´avance en instruire mon père."*[2]

Le chapitre commence et la relation d´Adolphe a commencé à s´éffriter. Eléonore est une femme plus agée qui était l´amante du baron de T*** et mère de deux enfants. Héroine romatique, de caractère affaibli de par sa situation de maitresse que la société condamne et qu´au lieu de s´affirmer et de faire preuve d´esprit en société, elle se voit diminuée en la présence d´autres femmes mariées et aristocrates. Cette faiblesse et ce manque de respect que sa situation avec le Baron de P*** lui cause au jour le jour, l´a approximé du jeune Adolphe qui n´a pas manqué de voir sa beauté et qui a réussi à la faire se séparer de lui et de ses enfants.

Il annonce à son cercle d´ami, qu´il était temps de se détacher d´Ellénore, qu´il avait parlé de cela à Elénore mais qu´elle le retenait et qui s´obstinait à croire que les sacrifices qu´elle avait fait, pourraient le maintenir lié à elle dans un rapport fait d´amitié et de pitié: *"Quoi! Me dis-je, je ne puis passer un jour libre! Je ne puis respirer une heure en paix! Elle me poursuit partout comme un esclave que l´on doit ramener à ses pieds"*

La pression aussi de son père pour rentrer en France, le plonge dans cette situation d´hésitation de ne pas savoir quitter et rompre avec une femme qu´il a dit choisir seulement pour mieux quitter après parce qu´elle ne s´encadrait pas dans le calibre des femmes faites pour le mariage. Il dit cela: *"Il était clair que nos liens devaient se rompre."*

Conclusion

Le chapitre 9 se termine avec Adolphe écrivant à M. De T*** pour lui demander du temps encore et, comme il est naturel aux caractères faibles de le faire, il entassait dans sa lettre mille raisonnements pour justifier son retard pour rompre à jamais ses liens avec Elénore. Adolphe rompera certainement avec Elénore qui mourra de chagrin.

Constant, Benjamin. Adolphe, Paris : GF-Flammarion, 1816

LEÇON 2:

Exemple Rédigé de Commentaire Composé et Critique Littéraire:

BRUGES LA MORTE

de Georges Rodenbach

Ville de Bruges

IX

Hugues avait éprouvé une grande désillusion depuis le jour où il eut ce bizarre caprice de vêtir Jane d'une des robes surannées de la morte. Il avait dépassé le but. À force de vouloir fusionner les deux femmes, leur ressemblance s'était amoindrie. Tant qu'elles demeuraient à distance l'une de l'autre, avec le brouillard de la mort entre elles, le leurre était possible. Trop rapprochées, les différences apparurent.

À l'origine, tout ébloui du même visage retrouvé, son émoi était complice; puis peu à peu, à force de vouloir émietter le parallèle, il en vint à se tourmenter pour des nuances.

Les ressemblances ne sont jamais que dans les lignes et dans l'ensemble. Si on s'ingénie aux détails, tout diffère. Mais Hugues, sans s'apercevoir qu'il avait changé lui-même sa façon de regarder, confrontant avec un soin plus minutieux, en imputait la faute à Jane et la croyait elle-même toute transformée.

Certes, elle avait toujours les mêmes yeux. Mais, si les yeux sont les fenêtres de l'âme, il est certain qu'une autre âme y émergeait aujourd'hui que dans ceux, toujours présents, de la morte. Jane, douce et réservée d'abord, se lâchait peu à peu. Un relent de coulisses et de théâtre réapparaissait. L'intimité lui avait rendu une liberté d'allures, une gaîté bruyante et dégingandée, des propos libres, son ancienne habitude de toilette négligée, peignoir sans ordre et cheveux en brouillamini, toute la journée, dans la maison.

La distinction de Hugues s'en offensait. Pourtant il allait toujours chez elle, cherchant à ressaisir le mirage qui échappait. Lentes heures! Soirées maussades! Il avait besoin de cette voix. Il en buvait encore le flot foncé. Et en même temps il souffrait des paroles dites.

Jane, de son côté, se lassait de ses humeurs noires, de ses longs silences. Maintenant, quand il arrivait, vers le soir, elle n'était pas revenue, attardée à des flâneries en ville, des achats dans les magasins, des essayages de robes. Il venait aussi la voir à d'autres heures, en plein jour, le matin ou dans l'après-midi.

Souvent elle était sortie, n'aimant plus à rester chez elle, s'ennuyant du logis, toujours en courses par les rues. Où allait-elle ? Hugues ne lui connaissait aucune amie. Il l'attendait ; il n'aimait pas à rester seul, il préférait se promener aux environs jusqu'à son retour. Inquiet, triste, craignant les regards, il marchait sans but, à la dérive, d'un trottoir à l'autre, gagnait des quais proches, longeait le bord de l'eau, arrivait à des places symétriques, attristées d'une plainte d'arbres, s'enfonçait dans l'écheveau infini des rues grises.

Ah ! toujours ce gris des rues de Bruges !

Hugues sentait son âme de plus en plus sous cette influence grise. Il subissait la contagion de ce silence épars, de ce vide sans passants – à peine quelques vieilles, en mante noire, la tête sous le capuchon, qui, pareilles à des ombres, s'en revenaient d'avoir été allumer un cierge à la chapelle du Saint-Sang.

Chose curieuse : on ne voit jamais tant de vieilles femmes que dans les vieilles villes. Elles cheminent – déjà de la couleur de la terre – âgées et se taisant, comme si elles avaient dépensé toutes leurs paroles… Hugues les remarquait à peine, marchant au hasard, trop absorbé par son ancienne douleur et ses soucis présents. Machinalement, il revenait à la maison de Jane. Personne encore !

Il recommençait à marcher, hésitait, tournoyait dans les rues atrophiées et, sans s'en douter, arrivait au quai du Rosaire. Alors il se décidait à rentrer chez lui ; il n'irait chez Jane que plus tard, dans la soirée ; s'asseyait en un fauteuil, essayait de lire ; puis, au bout d'un instant, noyé de solitude, envahi par le silence froid de ces grands corridors, il sortait de nouveau.

C'est le soir… il bruine, d'une petite pluie qui s'étire, s'accélère, lui épingle l'âme… Hugues se sentait reconquis, hanté par le visage, poussé vers la demeure de Jane ; il s'acheminait, en approchait, revenait sur ses pas, pris tout à coup d'un besoin d'isolement, ayant peur maintenant qu'elle fût chez elle à l'attendre et ne voulant pas la voir.

Enfilant des quartiers vieux, déambulant sans savoir où, vague, lamentable, dans la boue. La pluie se hâtait, dévidant ses fils, embrouillant sa toile, mailles de plus en plus étroites, filet impalpable et mouillé où peu à peu Hugues se sentait amollir.
Il recommençait à se souvenir… il pensait à Jane. Que faisait-elle à pareille heure, dehors, par ce temps désolé ? Il pensait à la morte… Que devenait-elle aussi ? Ah ! sa pauvre tombe… les couronnes et les fleurs en ruines dans ces averses…

Et des cloches tintaient, si pâles, si lointaines ! Comme la ville est loin ! On dirait qu'à son tour elle n'est plus, fondue, en allée, noyée dans la pluie qui l'a submergée toute… Tristesse appariée ! C'est pour Bruges-la-Morte que, des plus hauts clochers survivants, une sonnerie de paroisse tombe encore, et s'afflige !

Georges Rodenbach, Bruges-La-Morte, Labor: Bruxelles, 1986.

ENTRAÎNEZ-VOUS ! À VOUS LA PAROLE !

EXERCICE 1 : Répondez aux questions

1. Quel type de texte est celui-ci ?
   a. Roman symboliste
   b. Roman épistolaire
   c. Récit narratif
2. La ressemblance entre la défunte et Jane Scott consiste en quoi ?
3. Quelle est la relation entre la ville de Bruges-la- morte et la défunte ?
4. Quels sont les objets qui perpétuent le souvenir de la morte ?
5. Barbe, la servante, comment est-elle décrite dans ce chapitre ?
6. Essayer de retrouver le visage de ceux qu´on a perdu, est-ce une pratique saine ?
7. Le système des souvenirs et images comment est-il étalé dans ce chapitre ?
8. Souligner tous les mots qui font les thèmes abordés dans ce chapitre ?

EXERCICE 2 : La valise du lexique

Réemployez ces vocables dans des situations. Vous pouvez incorporer plusieurs dans la même situation à chaque fois. N´oubliez aucun mot.

Valise des mots

Un caprice-maussade-s´ennuyer du logis-à la dérive-Un sierge

Suranné-Il bruine-Le leurre

Dégingandé-

En bouillamini-

Notez vos réponses dans ce cadre

Exercice 3 : Remplissez chaque champ lexical par les mots qui l´amplifient du texte

1.

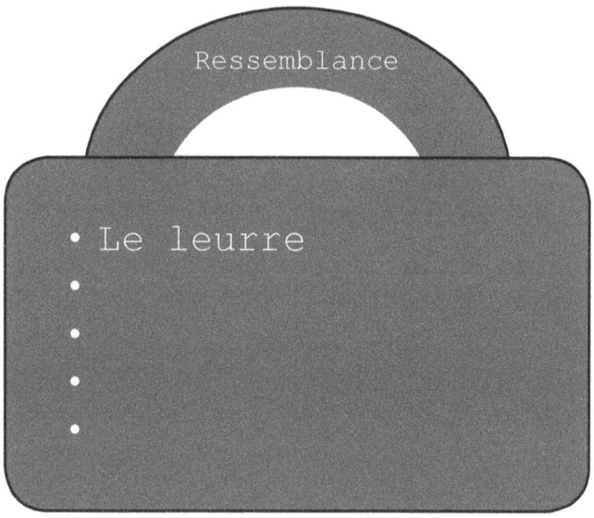

2.

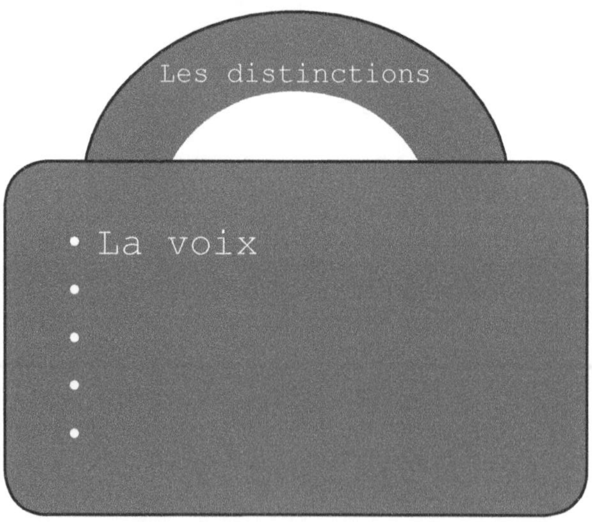

3.

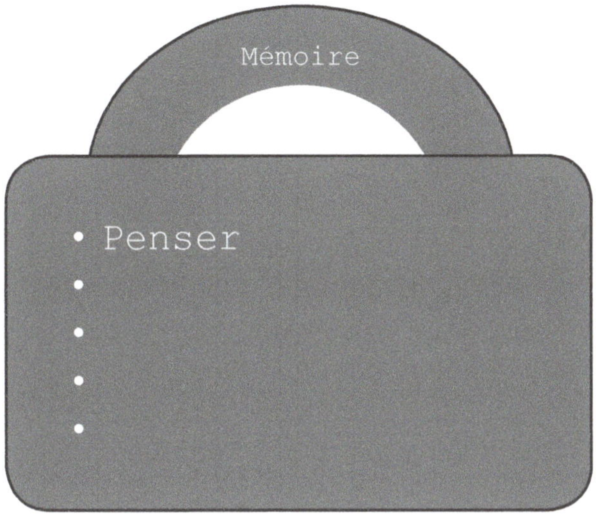

Exercice 4 : Chassez l´intrus qui n´a pas la même signification. Choisissez une expression après et mettez-la en une phrase.

a.

Fusionner

Ressembler

Se différencier

b.

Le parallèle

La complicité

La comparaison

c.

En brouillamini

Perfectionniste

Négligée

Exercice 5 : Le Projet Commnunicatif

Bruges la Morte est un roman symboliste. Le tout dans le roman symbolise le deuil de Hugues : sa ville, sa demeure, sa servante , Jane et sa chevelure. Créez une mini-conversation avec votre camarade où les couleurs, les nombres et les prénoms deviennent le symbole des émotions et substantifs suivants : Ville natale-la joie-le prénom d´une ex-copine-la date d´anniversaire d´un ennemi(e)-Un musicien de succès-Une rue- (12 lignes)

Exemple Rédigé de Commentaire Composé et Critique Littéraire:

Introduction:

Auteur belge, né à Tournai en 1855. Son père était membre d´une société masonique et il est considéré un des fondateurs de la littérature belge. Il a aussi bénéficié d´une éducation bourgeoise francophone comme la majorité de la bourgeoisie flamande. Il a été aussi avocat et il a même plaidé au tribunal de Bruxelles pendant 2 ans mais il a eu chez lui un appel de la littérature où il a pu fréquenter les cercles littéraires et a commencé à écrire des recueils de poèmes et il a écrit en 1892 Bruges la morte. Son meilleur roman, il raconte son retour à la ville de Bruges.

Le Développment:

En psycologie, on parle de deuil à la suite de la perte d´un être cher qui peut-être un ami, un membre de la famille, bref toute sorte de perte. La perte en soi-même n´est jamais planifiée et le deuil qui s´en suit varie dans sa profondeur de personne en personne.

Dans le chapitre IX de Bruges-La-Morte, Hugues Viane a déjà retrouvé une subtitutée à sa femme morte. Sa nouvelle élue est Jane, une femme qui ressemble et rappelle la défeinte de par sa silhouette et ses traits aussi. Il a eu même le caprice de faire vêtir Jane d´une des robes démodées de la morte. Cependant cette ressemblance initiale qui l´avait frappé, commençe à se dissiper avec l´intimité et le côtoiment journalier: " *À force de vouloir fusionner les deux femmes, leur ressemblance s´était amoindrie(..) avec le brouillard de la mort entre elles, le leure était possible. Trop rapprochées, les différences apparurent.* " p.69

Les ressemblances ne sont jamais que dans les lignes et dans l´ensemble, si on s´ingénie aux détails, tout diffère. Peu à peu Hugues change sa manière de regarder et attribue cela à Jane, qui avait une autre âme de celle de la morte, douce et réservée elle se lâchait peu à peu. Actrice, le relent des coulisses et de théâtre réapparaissait. L´intimité lui avait rendu une liberté d´allure, une gaîté bruyante et dégingandée, des propos libres, son habitude de toilette négligée était retournée. La distinction de Hugues s´en offensait pourtant il allait toujours la chercher cherchant à ressaisir le mirage qui échappait.

Jane, de son côté se lassait de son humeur noire, de son silence, quand il arrivait le soir, il n´était jamais à la maison, elle s´attardait dans la rue, des achats dans les magasins, des essayages de robes, sortie, s´ennuyant du logis, Hugues l´attendait.

Inquiet, triste, craignant les regards, il marchait à la dérive dans ces rues grises. Il sent plus son âme sous cette influence grise. Il veut juste écouter son deuil, sa douleur, la contagion du silence du vide, la douleur, soucis présents. Inoccupé, seul, isolé, taciturne, Jane est son seul support avec sa servente, la rue aussi, la lecture, la solitude, envahi par le silence froid, la pluie ajoutait à la grisaille de l´âme. Il pense à Jane, que faisait-elle, il pensait à la morte aussi, à sa tombe, les couronnes et les fleurs en ruines dans les averses, la sonnerie de la paroisse est la seule à se faire entendre, pas de compagnons humains autour de lui, très peu de conversation, la tête absente, anesthesié du monde extérieur. L´histoire se termine mal puisque Jane meurt aussi à la fin, ce qui symbolise qu´à la sortie du deuil s´ensuit une autre perte.

Conclusion:

Pour conclure ce commentaire, il faudra mentionner que Georges Rodenback était le disciple de l´école symboliste qui stipule l´usage d´images et de symboles pour représenter l´âme mélancolique et triste de l´auteur lyrique et romatique. Un symbole est l´association de deux réalités pour produire un signe nouveau: il associe souvent une image concrete à une abstraction: il crée des analogies suggestives. Hugues Viane a la ville vieille et grise, sa servente Barbe religieuse et effacée, et Jane Scott sa nouvelle compagne comme symboles d´appui aux veufs.

—

Georges Rodenbach, Bruges-La-Morte, Labor: Bruxelles, 1986.

À Votre Tour!!

Lecture 1:

La Première Nouvelle:

(...)

Mme Loisel connut la vie horrible des nécessiteux. Elle prit son parti, d'ailleurs, tout d'un coup, héroïquement. Il fallait payer cette dette effroyable. Elle payerait. On renvoya la bonne; on changea de logement ; on loua sous les toits une mansarde.

Elle connut les gros travaux du ménage, les odieuses besognes de la cuisine. Elle lava la vaisselle, usant ses ongles roses sur les poteries grasses et le fond des casseroles. Elle savonna le linge sale, les chemises et les torchons, qu'elle faisait sécher sur une corde ; elle descendit à la rue, chaque matin, les ordures, et monta l'eau, s'arrêtant à chaque étage pour souffler. Et, vêtue comme une femme du peuple, elle alla chez le fruitier chez l'épicier chez le boucher, le panier au bras, marchandant, injuriée, défendant sou à sou son misérable argent.

Il fallait chaque mois payer des billets, en renouveler d'autres, obtenir du temps.

Le mari travaillait, le soir à mettre au net les comptes d'un commerçant, et la nuit, souvent, il faisait de la copie à cinq sous la page.

Et cette vie dura dix ans.

Au bout de dix ans, ils avaient tout restitué, tout, avec le taux de l'usure, et l'accumulation des intérêts superposés.

Mme Loisel semblait vieille, maintenant. Elle était devenue la femme forte, et dure, et rude, des ménages pauvres.

Mal peignée, avec les jupes de travers et les mains rouges, elle parlait haut, lavait à grande eau les planchers. Mais parfois, lorsque son mari était au bureau, elle s'asseyait auprès de la fenêtre, et elle songeait à cette soirée d'autrefois, à ce bal, où elle avait été si belle et si fêtée.

Que serait-il arrivé si elle n'avait point perdu cette parure ? Qui sait ? qui sait ? Comme la vie est singulière, changeante ! Comme il faut peu de chose pour vous perdre ou vous sauver !

or, un dimanche, comme elle était allée faire un tour aux Champs-Élysées pour se délasser des besognes de la semaine, elle aperçut tout à coup une femme qui promenait un enfant.

C'était Mme Forestier toujours jeune, toujours belle, toujours séduisante.

Mme Loisel se sentit émue. Allait-elle lui parler ? Oui, certes.

Et maintenant qu'elle avait payé, elle lui dirait tout. Pourquoi pas ?

Elle s'approcha.

"Bonjour Jeanne."

L'autre ne la reconnaissait point, s'étonnant d'être appelée ainsi familièrement par cette. Elle balbutia :

"Mais… madame !… Je ne sais… vous devez vous tromper

— Non. Je suis Mathilde Loisel."

Son amie poussa un cri :

"Oh !… ma pauvre Mathilde, comme tu es changée !…

— Oui, j'ai eu des jours bien durs, depuis que je ne t'ai vue ; et bien des misères… et cela à cause de toi !…

— De moi… Comment ça ?

— Tu te rappelles bien cette rivière de diamants que tu m'as prêtée pour aller à la fête du ministère.

— Oui. Eh bien ?

— Eh bien, je l'ai perdue.

— Comment ! puisque tu me l'as rapportée.

— Je t'en ai rapporté une autre toute pareille. Et voilà dix ans que nous la payons. Tu comprends que ça n'a pas été aisé pour nous, qui n'avions rien… Enfin, c'est fini, et je suis rudement contente."

Mme Forestier s'était arrêtée.

"Tu dis que tu as acheté une rivière de diamants pour remplacer la mienne ?

– Oui. Tu ne t'en étais pas aperçue, hein ? Elles étaient bien pareilles."

Et elle souriait d'une joie orgueilleuse et naïve.

Mme Forestier fort émue, lui prit les deux mains.

"Oh ! ma pauvre Mathilde ! Mais la mienne était fausse. Elle valait au plus

cinq cents francs!… "

Guy de Maupassant, La Parure. Ed. Les Classiques : Paris, 2015

Le Commentaire Composé:

CONSIDÉRATIONS GÉNÉRALES

La Parure est un livre de nouvelles courtes publiées par l´auteur français Guy de Maupassant qui raconte l´histoire de Mathilde, une femme belle et ambitieuse qui s´est mariée avec M. Loisel, fonctionnaire du ministère de l´éducation publique et dont l´argent est limité. Mathilde a des goûts et des rêves de gens riches alimentés par une de ses amies du couvent, Mme Forestier. Guy de Maupassant semble aborder la thématique de l´importance et l´influence que semble exister la parure sur certaines personnes de la société et jusqu´à quel excès cela peut les mener.

EXERCICE: **Faites** le commentaire de l´extrait de la nouvelle La Parure maintenant en tête la thématique de la parure en société, est-ce à condamner ou à louer dans un mouvement d´essor psychologique, mental et social? Écrivez 25 lignes.

Le Commentaire Composé:

Exercices de compréhension et Interprétation

À Retenir

Une nouvelle est un récit habituellement court. Apparu au Moyen Â ge, ce genre littéraire était alors proche du roman et d´inspiration réaliste, se distinguant peu du conte et de la fable.

Au XIX ème siècle, la nouvelle est devenue une forme privilégiée de la littérature fantastique, policière et de science-fiction.

2. **Lis chaque énoncé et coche la réponse qui est vrai**

	Vrai	Faux
Mme Loisel a fait un mariage riche		
L´amie de Mathilde a causé ses malheurs		
Jeanne a réagi mal à ce que Mathilde lui a raconté		
La parure est une affaire individuelle		
La parure est un conte		

3. **Encercle les mots des champs sémantiques énumérés en bas** :

Vie horrible
Les mots :
Regrets
Les mots:
Confidences et bénéfices

4.Utilisez les changements donnés dans la case dans des phrases:

1.
2.
3.
4.
5.
6.
7.

La boîte à mots

Pour écrire le changement de vie:

renvoyer la bonne, changer le logement, louer une mansarde, les gros travaux du ménage, odieuses besognes de la cuisine, aller chez le fruitier, l´épicier

Chagement de parure : mal peignée, les jupes de travers

6. **Le texte à trous:**

Remplissez les places vides par le vocabulaire contenu dans la case de vocabulaire

Mal-de travers-rouges-haut-les planches-songeant-d´autrefois-belle

_____peignée, avec les jupes___________ et les mains__________, elle parlait haut, lavait à grande eau les planchers. Mais parfois, lorsque son mari était au bureau, elle s´asseyait auprès de la fenêtre, et ell songeait à cette soirée d´autrefois, à ce bal, où elle avait été si ____et si fêtée

(Guy de Maupassant, La Parure, p7)

Grille

	1	2	3	4	5	6	7	8	9	10	11	12	13
1	N	C	T	O	R	S	B	A	C	M	R	C	U
2	É	M	É	N	A	G	E	P	A	U	V	H	N
3	C	O	D	I	E	U	S	E	S	U	R	A	E
4	E	B	E	S	O	G	N	E	S	R	C	N	V
5	S	O	U	À	S	O	U	T	R	M	N	G	I
6	S	M	A	L	P	E	I	G	N	É	E	E	E
7	I	P	E	U	D	E	C	H	O	S	E	A	R
8	P	O	U	R	K	L	U	S	P	M	N	N	G
9	V	O	U	S	P	E	R	D	R	E	J	T	L
10	U	L	A	V	E	R	L	E	S	R	S	E	U
11	X	P	L	A	N	C	H	E	R	S	M	N	Q
12	F	R	J	K	L	O	P	U	I	Y	R	E	Q
13	X	C	V	B	N	M	U	Y	R	E	W	Q	A

Trouvez les mots suivants dans la grille:

Verticalement:

1. Nécessiteux
5. Laver les planchers
12. Changeante
13. Une vie

Horizontalement:

3. Odieuses
4. Besognes
5. Sou à sou
8. Mal peignée
6. Ménage pauvre
7. Une vie changeante
8. Peu de choses
9. Pour vous perdre

8. **L´Orthographe : Trouve l´intrus mal orthografié**

1. Il a perdu du poids/pois
2. Je fais de l´aérobic une fois/foi par semaine
3. Il s´est coupé le doight/doit
4. Le jeu de l´oie/ loi blanche a 63 cases
5. Sa voix/voie est rauque

9.Le Projet Communicatif: Faitez une mini-conversation sur le bonheur de la parure et comment elle peut vous aider à grimper à l´échelle sociale, mise à part votre formation professionnelle. (9 lignes)

Uniforme-adéquat-séparer les choses-maison-loisirs-boulot-Vie personnelle-Vie professionnelle-présentable-Salaire-dépenses-

Le Commentaire Composé#2

Lecture 2

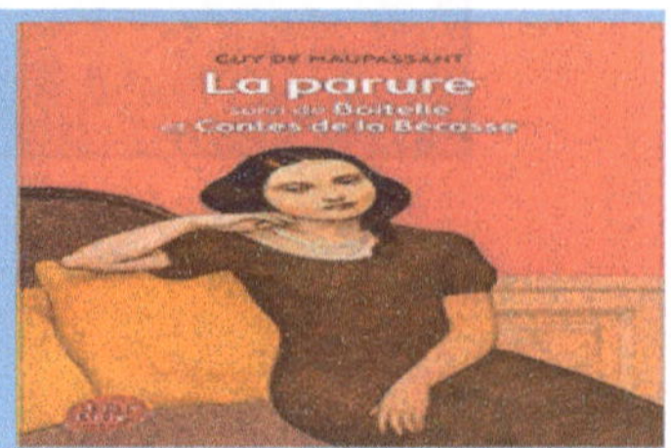

(...)
La Deuxième Nouvelle
LES BIJOUX
M. Lantin, ayant rencontré cette jeune fille, dans une soirée, chez son sous-chef de bureau, l'amour l'enveloppa comme un filet. C'était la fille d'un percepteur de province, mort depuis plusieurs années. Elle était venue ensuite à Paris avec sa mère, qui fréquentait quelques familles bourgeoises de son quartier dans l'espoir de marier la jeune personne. Elles étaient pauvres et honorables, tranquilles et douces. La jeune fille semblait le type absolu de l'honnête femme à laquelle le jeune homme sage rêve de confier sa vie. Sa beauté modeste avait un charme de pudeur angélique, et l'imperceptible sourire qui ne quittait point ses lèvres semblait un reflet de son cœur. Tout le monde chantait ses louanges; tous ceux qui la connaissait répétaient sans fin : « Heureux celui qui la prendra. On ne pourrait trouver mieux. »
M. Lantin, alors commis principal, au ministère de l'intérieur, aux appointements annuels de trois mille cinq francs, la demanda en mariage et l'épousa.
Il fut avec elle invraisemblablement heureux. Elle gouverna sa maison avec une économie si adroite qu'ils semblaient vivre dans le luxe. Il n'était point d'attentions, de délicatesses, de chatteries qu'elle n'eût pour son mari ; et la séduction de sa personne était si grande que, six ans après leur rencontre, il l'aimait plus encore qu'aux premiers jours.Il ne blâmait en elle que deux goûts, celui du théâtre et celui des bijouteries fausses.
Ses amies (elle connaissait quelques femmes de modestes fonctionnaires) lui procuraient à tous moments des loges pour les pièces en vogue, même pour les premières représentations ; et elle traînait, bon gré, mal gré, son mari à ces divertissements qui le fatiguaient

affreusement après sa journée de travail. Alors il la supplia de consentir à aller au spectacle avec quelque

dame de sa connaissance qui la ramènerait ensuite. Elle fut longtemps à céder, trouvant peu convenable cette manière d'agir. Elle s'y décida enfin par complaisance, et il lui en sut un gré infini. Or, ce goût pour le théâtre fit bientôt naître en elle le besoin de se parer. Ses toilettes demeuraient toutes simples, il est vrai, de bon goût toujours, mais

modestes ; et sa grâce douce, sa grâce irrésistible, humble et souriante, semblait acquérir une saveur nouvelle de la simplicité de ses robes, mais elle prit l'habitude de pendre à des oreilles deux gros cailloux du Rhin qui simulaient des diamants, et elle portait des colliers de perles fausses, des bracelets en similor, des peignes agrémentés de verroteries variées jouant les pierres fines. Son mari, que choquait un peu cet amour du clinquant, répétait souvent : « Ma chère, quand on n'a pas le moyen de se payer des bijoux véritables, on ne se montre parée que de sa beauté et de sa grâce, voilà encore les plus rares joyaux. » Mais elle souriait doucement et répétait: « Que veux-tu ? J'aime ça. C'est mon vice. Je sais bien que tu as raison ; mais on ne se refait pas. J'aurais adoré les bijoux, moi ! » Et elle faisait rouler dans ses doigts les colliers de perles, miroiter les facettes de cristaux taillés, en répétant: « Mais regarde donc comme c'est bien fait. On jurerait du vrai. » Il souriait en déclarant: « Tu as des goûts de Bohémienne. » Quelquefois, le soir, quand ils demeuraient en tête à tête au coin du feu, elle apportait sur la table où ils prenaient le thé la boîte de maroquin où elle enfermait la « pacotille », selon le mot de M. Lantin; et elle se mettait à examiner ces bijoux imités avec une attention passionnée, comme si elle eût savouré quelque jouissance secrète et profonde ; et elle s'obstinait à passer un collier au cou de son mari pour rire ensuite de tout son cœur en s'écriant : « Comme tu es drôle ! » Puis elle se jetait dans ses bras et l'embrassait éperdument. Comme elle avait été à l'Opéra, une nuit d'hiver, elle rentra toute frissonnante de froid. Le lendemain elle toussait. Huit jours plus tard elle mourait d'une fluxion de poitrine. Lantin faillit la suivre dans la tombe. Son désespoir fut

si terrible que ses cheveux devinrent blancs en un mois. Il pleurait du matin au soir, l'âme déchirée d'une souffrance intolérable, hanté par le souvenir, par le sourire, par la voix, par tout le charme de la morte. Le temps n'apaisa point sa douleur. Souvent pendant les heures du bureau, alors que les collègues s'en venaient causer un peu des choses du jour, on voyait soudain ses
joues se gonfler, son nez se plisser, ses yeux s'emplir d'eau ; il faisait une grimace affreuse et se mettait à sangloter.
Il avait gardé intacte la chambre de sa compagne où il s'enfermait tous les jours pour penser à elle ; et tous les meubles, ses vêtements mêmes demeuraient à leur place comme ils se trouvaient au dernier jour.

Guy de Maupassant, La Parure. Ed. Les Classiques :Paris, 2015

1. Le Commentaire Composé et la critique littéraire:

Comment Guy de Maupassant aborde quelques particularités féminines et sociales? Faites le commentaire composé de la nouvelle Les Bijoux à la lumière de la question donnée. Écrivez 25 lignes.

2. Le Vocabulaire éparpillé :

Du cliquant

angélique

en vogue

Se parer

Filet

Sans fin

Invraisemblablement

1.L´amour l´a enveloppé comme un ______

2.Tous ceux qui la connaissait répétaient______ :
« heureux celui qui va la prendre. »

3.Il fut _____heureux avec elle.

4.Ses amies lui procuraient à tous moments des loges pour les pièces_____

5.Son mari, que choquait un peu cet amour ___________

6.Le goût pour le théâtre fait bientôt naître en elle, le besoin de ______

7.Sa beauté avait un charme de pudeur______

3. **L´orthographe** :

--Oux---ous---oue-- --out---ou

La boîte à règles:

Le noms qui se terminent par les sons /u/ s´écrivent au masculin singulier et pluriel : **(--out, --oux, --ou)** et au féminin singulier et pluriel : **(---oue, ---oues)**

<u>Exemples</u> : Une **roue** de voiture

Il a les cheveux **roux**

1. Les enfants jouent/ joux
2. Ses joux/joues étaient rouges
3. Son ordinateur est un beau joujou/ je joue
4. Je vais lui donner un coup/cou de main
5. Elle est à bout/boue
6. Là tous/tousse parlent anglais

4.Proverbes sur la parure : Insérez les proverbes suivants dans une mini-conversation :

1. L´habit ne fait pas le moine
2. L´éducation pour les gens heureux est une parure, pour les malheureux un refuge
3. Le silence est la parure de l´ignorant dans l´assemblée des sages
4. C´est la vanité des hommes qui explique la parure des femmes

DOSSIER 4 : INTERCULTUREL

Unité 4: Interculturel

- ✓ Les Français et le vélo
- ✓ Circuler en sécurité et accessoires pour vélo
- ✓ Le vélo et la pandémie du covid-19
- ✓ Le code de route en pictogrammes
- ✓ Le code vestimentaire des cyclistes
- ✓ Les numéros urgents
- ✓ Les loisirs artistiques des Français et exercices
- ✓ L´emploi en France, les salaires et exercices
- ✓ Les fêtes, jours fériés français et exercices
- ✓ Célébrités françaises, francophones, films et jeux de langue

---

LEÇON 1

Les Français et les loisirs:

Vélo: Pédalez en toute sécurité

Lecture 1 :

Alors que les prix à

la pompe grimpent, si on ressortait son vélo?

À condition d´être bien équipée et de respecter ces quelques régles.

Selon la Fédération française des usagers de la bicyclette

(Fubicy), 67% des Français n´utiliseraient pas leur vélo par crainte d´un accident. Dommage, car on sait aujourd´hui que plus il y aura de vélos en ville, plus le risque d´accidents diminuera.

Logique, car d´un côté, les automobilistes s´habitueront aux

cyclistes et anticiperont mieux leurs mouvements et, de l´autre,

les cyclistes contribueront à modérer la vitesse du trafic. Voici donc comment circuler en sécurité.

(Journal Courrier International)

Le vélo et ses accessoires :

Casques aux normes CE

Un équipement et des accessoires indispensables

Les freins. En ville plus qu´ailleurs, ce sont vos alliés les plus sûrs. Mais encore faut-il vérifier régulièrement qu´ils sont en bon état (à l´avant et à l´arrière) et s´entraîner à bien utiliser les deux, et pas seulement le frein arrière.

Les petits plus sécurité. Vous devez posséder un avertisseur sonore (une sonnette par exemple), des catadioptres(dispositifs réfléchissants) sur les roues et les pédales (environ 2 euros les deux), et un éclairage, à l´avant comme à l´arrière. Si vous roulez à la nuit tombée, misez sur le gilet à bandes réfléchissantes (comme celui des éboeurs ou des agents de la route) pour vous faire bien voir. Complément idéal des phares, cet équipement coûte environ 10 euros.
D´un faible encombrement, il se glisse sans problème dans un sac et se porte facilement sur un blouson. Vous pouvez aussi vous équiper d´un écarteur de danger (6 euros environ) qui incite les automolistes, lorsqu´ils vous doublent, à respecter la distance de sécurite (de 1 mètre en ville et de 1,5 mètre hors agglomération.)

(Journal Courrier International)

Le casque. Indispensable pour les enfants de moins de 12 ans dont l´équilibre reste précaire. Le casque l´est également pour les sportifs, ou pour les adeptes du VTT.

LE Vendômen36.

Côte de la Montagne

Québec

Tél 692.0557

EXERCICE 1

Corrigez les affirmations suivantes du premier texte:

1. On sort son vélo parce qu´on n´a pas de voiture.
2. Plus il y aura de vélos dans la ville, plus le risque d´accidents augmentera.
3. Les conducteurs ne se préoccuperont pas des cyclistes.
4. Le casque est indispensable seulement pour les enfants.
5. Pour vous faire bien voir sur votre vélo le soir, il faudra installer un phare.

EXERCICE 2:

Situation Pratique

Proposition et décisions dans un magasin de sport

Proposer:

Je vous propose ,je vous suggère, ça vous dit, aimeriez-vous ce VTT?

Caractéristiques: Suspensions-une selle large-le cadre en acier,en aluminium,...ect-rouge-bleu,...ect-pneus fins, moyens- 18 vitesses-le pédalier- Guidon relevé plutôt qu´incliné-sonnettes-panier à l´avant-blocage rapide contre-vol-freins arrières, avants-léger-roues 29 pouces

Décisions: Je préfère-je veux-j´ai un faible pour, mon choix se porte sur-Je n´aime pas-ce n´est pas à mon goût-je le prends

À faire!!!

Créez la conversation qui a eu lieu entre vous et le vendeur ou la vendeuses des VTT. Utilisez le vocabulaire donné.

Lecture 2 :

2. Comment circuler en sécurité?

Les Parisiens capables de faire du vélo et de rester "classes"

Le Vélo et la pandémie de Covid-19

Journal Courrier International

La pandémie de Covid-19 a poussé les citadins hors des transports en commun. Comme une multitude de Parisiens, cette chroniqueuse américaine s'est mise au vélo. Mais elle a calé quand il s'est agi de choisir sa tenue.

"Dans les pays anglophones, lorsque vous circulez à vélo, on vous incite à avoir l'air un tantinet ridicule." À Paris, ce serait tout le contraire… De quoi décontenancer Pamela Druckerman, chroniqueuse américaine pour le magazine britannique **The Economist** et parisienne d'adoption.

C'est d'ailleurs dans la capitale française qu'elle s'est retrouvée confinée. Et, à l'instar d'un grand nombre de Parisiens, à la sortie de cette période d'isolement, elle a acquis une bicyclette. *"Le premier vélo [que j'ai jamais eu] vraiment adapté à ma morphologie et qui ne me donne pas l'impression d'être à deux doigts de tomber à chaque arrêt"*, commente-t-elle.

Au cours de sa première sortie, vêtue d'une veste réfléchissante et d'un collant de course à pied, elle se rend rapidement compte qu'elle détonne. *"Tous les autres cyclistes portaient leurs vêtements de tous les jours"*, écrit-elle. Elle poursuit:

"Le vélo en ville est peut-être la seule activité, à part le tango, que les femmes peuvent pratiquer facilement avec des chaussures à talons."

"Un cliché de la classe moyenne"

À la faveur du déconfinement, de nouvelles pistes cyclables ont vu le jour dans la capitale. Et la ruée[2] vers les bicyclettes - illustrée par une pénurie[3] mondiale de vélos ou encore par les longues files d'attente devant les magasins de réparation - est devenue un "cliché de la classe moyenne en temps de pandémie", reconnaît la journaliste américaine.

Pamela Druckerman cherche alors à en savoir davantage sur les codes vestimentaires des cyclistes parisiens. Conclusion: "Plus la tenue que l'on porte à vélo a quelque chose d'improbable (un costume pour les hommes, une robe de soirée pour les femmes), plus c'est classe !"

Un tantinet = un tout petit peu
La ruée = mouvement rapide
Pénurie = manque de ce qui est nécessaire
Caler = s´arrêter, s´immobiliser

Exercice 1 de compréhension:

Lisez les textes ci-dessus. Répondez aux questions suivantes

Le code de la route de la bicyclette en pictogrammes. Interprétez:

a.

b.

c.

Accès interdit aux cyclistes

d.

1. Quel panneau montre que dans cette rue à sens unique les deux voies à sens inverse sont libérées aux cyclistes?

2.Quel panneau avise les conducteurs qu´il y a un danger routier de cyclistes à droite ou à gauche?

3.Quel panneau montre que la voie est un couloir réservé au bus mais aussi au cyclistes?

4.Quel panneau montre que la zone est interdite aux cyclistes à un tournant de la rue?

EXERCICE 2:

Dans les textes ci-dessus, on lit les affirmations suivantes sur le code vestimentaire des cyclistes parisiens:

Au cours de sa première sortie, vêtue d'une veste réfléchissante et d'un collant de course à pied, elle se rend rapidement compte qu'elle détonne. *"Tous les autres cyclistes portaient leurs vêtements de tous les jours"*, écrit-elle. Elle poursuit:

"Le vélo en ville est peut-être la seule activité, à part le tango, que les femmes peuvent pratiquer facilement avec des chaussures à talons."

les codes vestimentaires des cyclistes parisiens. Conclusion: *"Plus la tenue que l'on porte à vélo a quelque chose d'improbable (un costume pour les hommes, une robe de soirée pour les femmes), plus c'est classe!"*

ENTRAÎNEZ-VOUS! À VOUS LA PAROLE !

Répondez:

1.Dans votre pays, quel est le code vestimentaire des cyclistes en week-end et en semaine?

2. Les gens de votre pays utilisent la bicyclette pour faire quel genre d´activité?

3.Citez trois endroits où vous aimez pédaler à vélo?

EXERCICE 3

Combinez les mots de la droite avec les mots à gauche:

1.	Le code	a. en commun
2.	Les transports	b. jaune
3.	Le magasin	c. une bicyclette
4.	Le collant	d. vestimentaire
5.	Acquérir	e. de réparation
6.	Une piste	f. cyclable
7.	Circuler	g. de course
8.	Le gilet	h. à vélo

Les Numéros Utils

LEÇON 2:

En cas d´urgence, il faudra des fois chercher de l´aide sur place, à domicile. Voilà les numéros que l´on peut appeler, le nom des organes sociaux auxquels il faut s´adresser dans la région de Paris, en France.

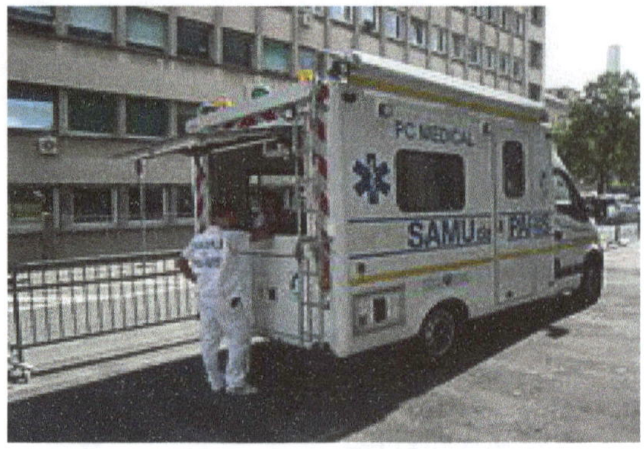

EXERCICE 1: Lisez à haute voix le nom des organes sociaux suivants:

SAMU DE PARIS 15

POLICE-SECOURS 17

SAPEURS-POMPIERS 18

URGENCES PÉDIATRIQUES À DOMICILE

SOS DENTAIRES

URGENCES MÉDICALES

ENFANTS DISPARUS

SAMU SOCIAL

SIDA INFO

SOS MÉDECINS

DROGUES INFO

VIOLENCES CONJUGALES

ALCOOLIQUES ANONYMES

PHARMACIE DE GARDE

EXERCICE 2: Marquez Vrai ou Faux à côté de chaque affirmation:

1. Mon ami a essayé de me toucher sans consentement. J´ai dû luter pour m´en aller. Je dois appeler le service des violences conjugales.

Vrai | Faux

2. Mon conjoint m´insulte sans cesse et me crit dessus. Je n´en peux plus. Je dois appeler le service SOS SUICIDE

Vrai | Faux

3. J´ai une douleur de dent à minuit. Je dois appeler SOS Dentaire.

Vrai | Faux

4. Mon ami commence à s´apercevoir qu´il n´arrive pas à vivre sans boisson d´alcool et a du mal à le cacher devant les autres. Il vit ivre et ne va même pas travailler. J´appelle le SAMU.

Vrai | Faux

5. La mère de ma copine est au chômage. Elle est sans domicile en ce moment. Elle doit appeler le SAMU SOCIAL

Vrai | Faux

6. Ton invité ne veut pas sortir de chez toi même si tu le lui a demandé. J´appelle le service de la POLICE-SECOURS

Vrai | Faux

ENTRAÎNEZ-VOUS! À VOUS LA PAROLE!

EXERCICE 3: Dans votre pays, avez-vous eu recours à appeler un de ces services? Parlez-en.

EXERCICE 4 :

Situation Pratique : Appelez les urgences au 15 et expliquez-leur la situation d´urgence que vous témoignez ou dont vous êtes victime. (10 lignes)

Lexique Utile : Passez un appel d´urgence **au 15**-un accident de voiture-l´ambilance arrive-Le personnel du Samu-se casser un bras-une jambe-le lieu de l´accident-allumer les feux de détresse-saigner-desserer les vêtements en cas de trouble de respiration-pratiquer le bouche à bouche-position latérale de sécurité-se blesser-le médecin du SAMU-Centre 15, bonjour-pompiers-

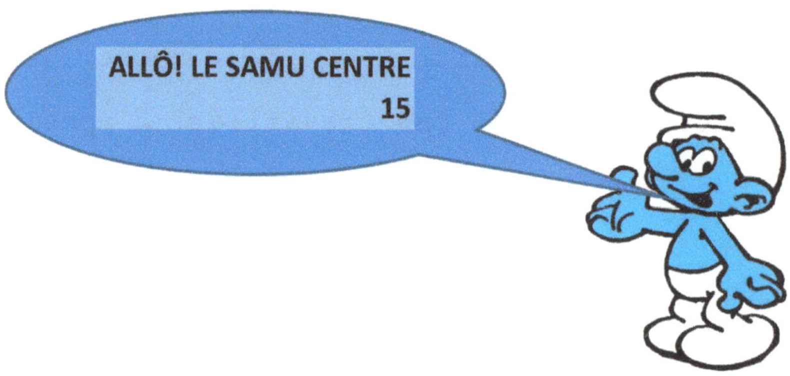

Leçon 3

Lecture: 1

Les Loisirs artistiques des français

Quels sont les loisirs préférés des Français? Bien évidemment, tout dépend de quelles générations on parle, mais souvent, lorsque les français sont chez eux, ils apprécient d'écouter un peu de musique, de regarder un petit film (que ce soit à la télévision ou bien en DVD). Depuis l'arrivée des nouvelles technologies, on constate que l'ordinateur occupe une place de plus en plus importante dans les loisirs des Français.

Ils l'utilisent principalement pour rechercher où communiquer sur Internet, faire des montages de leurs photos ou de leurs vidéos ou bien pour écouter de la musique ou regarder des vidéos. Beaucoup de français aiment jouer aux jeux vidéo, ceux-ci étaient principalement utilisés auparavant par les adolescents, mais cela change. Souvent les jeux vidéo sont utilisés sur un ordinateur ou une console, mais il y a une nouvelle tendance qui prend de plus en plus d'ampleur puisque de plus en plus de personnes jouent sur leur téléphone portable.

Le graphique ci-dessous a été réalisé par Statista et il résume les loisirs préférés des Français, le sondage a été réalisé par l'institut IPSOS.

(ACTUALIX-TOURISME ET VOYAGE)

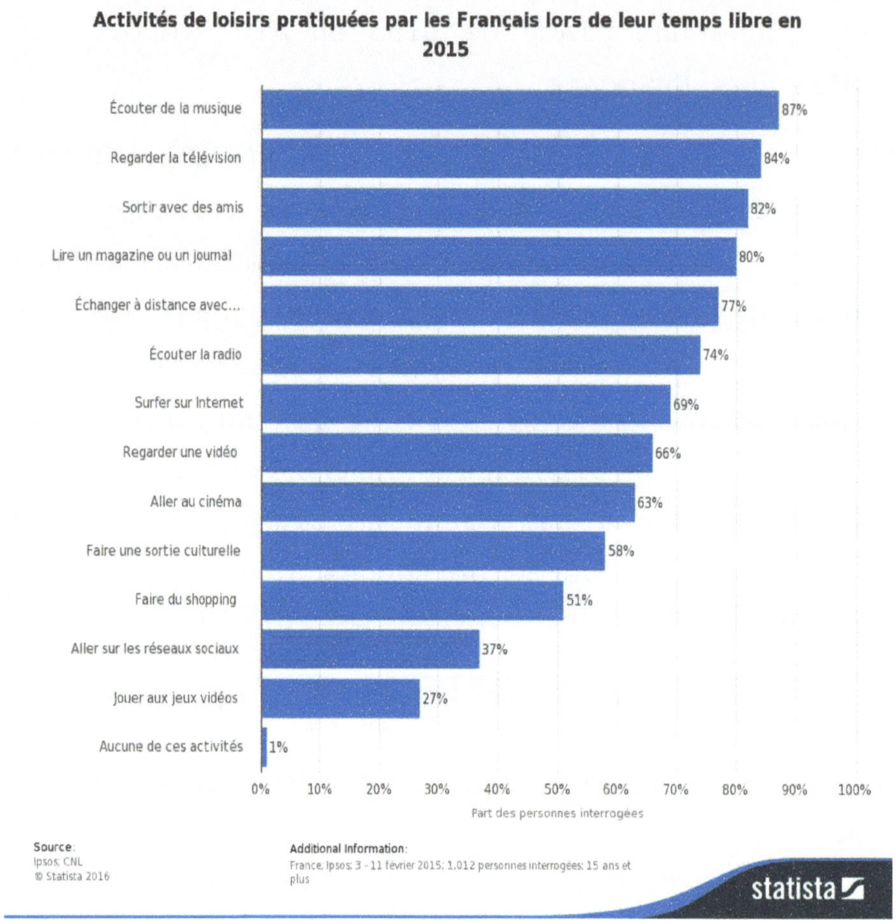

Sondage - Loisirs préférés des Français - Graphique Statista

3	**Difficulté**
2	**Temps verbaux: simples et composés 1**
X	**Thème et bilio jeunesse**

ENTRAÎNEZ-VOUS ! À VOUS LA PAROLE !

Exercice 1 : Lisez le texte et répondez aux questions oralement et par écrit:

1. Quelle place réservez-vous aux loisirs dans votre vie?
2. Le montage des vidéos et des photos, qu´en pensez-vous?
3. Quel est le loisir que vous faites seul? en famille? entre copains? en amoureux?
4. Le bricolage consiste en quoi?
5. Quel temps réservez-vous aux réseaux sociaux?

SITUATION PRATIQUE

EXERCICE 2 :Une partie de bowling

Racontez à votre classe comment se joue une partie de bowling qui est votre loisir préféré du week-end. Utilisez le vocabulaire de la valise.

Valise

La boule de bowling-lourde-adapté(es)-10 quilles-la force-la précision-les participants-deux lancées-éviter la goutière-faire tomber-le comptage de points-durer-

LECTURE 3:

Les autres loisirs préférés des Français

C'EST UN PARADIS ! - C'est au Quartier Latin, à proximité de Notre-Dame et du Panthéon, que se trouve le plus ancien cabaret du monde, le Paradis Latin

Les autres loisirs préférés des Français

Mais il existe bien d'autres loisirs chez les Français, notamment le bricolage, laver sa voiture ou s'occuper de son jardin. Les Français sont également très friands de lecture, qu'il s'agisse de romans, des magazines ou des bandes dessinées.

Les Français aiment sortir, que ce soit au cinéma, dans les cafés ou principalement pour les étudiants, sortir boire une bière en ville ou aller en discothèque. Les loisirs préférés des français sont également tournés vers la culture avec des visites de musées, des sorties au théâtre ou dans divers concerts comme les concerts de rock, les concerts de jazz, les concerts de musique pop, etc

Un autre type de loisir très apprécié par les Français est le sport, généralement ont peu dire que la préférence des garçons va Concernant les filles ces au football, au tennis, au rugby, au basket ou vers les arts martiaux que sont le judo ou le karaté.

Concernant les filles ces dernières ont une préférence pour le tennis, la danse, la natation, l'équitation ou bien la gymnastique. En grandissant, les loisirs sportifs se tournent plus vers le vélo, la marche, la natation ou une petite partie de pétanque.

Les Français apprécient aussi de jouer de la musique, ils jouent principalement du piano et de la guitare, mais on constate depuis plusieurs années que les percussions venant d'Afrique sont de plus en plus à la mode, notamment par le biais du djembé.

(**ACTUALIX-TOURISME ET VOYAGE**)

Le cabaret des spectacles internationaux sur l´avenue des Champs Elysées. Lieu prestigieux.

3 **Difficulté**

2 **Temps verbaux: simples et composés 1**

X **Thème et bilio jeunesse**

ENTRAÎNEZ-VOUS!

EXERCICE 1:

Circule les mots qui appartiennent au même champ sémantique que les mots de la colonne gauche:

Bricoler	Réparer-peindre-parler-laver
Jardiner	Planter-arroser-traîner-compter
Lecture	Écrire-parler-lire-converser
La marche	À pied-marcher-courrir-nager
Pédaler	Le vélo-la byciclette-le casque-la voiture
Culture	Le théâtre-les concerts-le cabaret-la gymnastique

EXERCICE 2:

Le démelage de mots: Mettez les lettres en ordre pour trouver le noms de certains loisirs

1. La ___________________

U	Q	P	T	É	N	A	E

2. Le ______________________

E	P	B	O	R	T	A	L

3. Les ___________________

D	É	I	V	O	U	E	X	J

4. L´_________________________

E	D	O	T	U	R	D	I	A	N	R

EXERCICE 3: Comparez les deux textes et décidez lequel a 8 erreurs:

TEXTE 1

Le damier doit être orientée à ce que chaque joueure ait des cases foncés.Les deus joueurs placent leurs pions sur leurs cases foncées uniquement.

Pour prendre un pion à son adversaire, le joueur A doit passer par dessus le pion du jouer B si celui-ci est diagonalement collés.

TEXTE 2

Le damier doit être orienté à ce que chaque joueur ait des cases foncées. Les deux joueurs placent leurs pions sur leurs cases foncées uniquement.

Pour prendre un pion à son adversaire, le joueur **A** doit passer par-dessus le pion du joueur **B** si celui-ci est diagonalement collé.

Leçon 4: L´EMPLOI EN FRANCE

Lecture 1

LES INQUIÉTUDES DES FRANÇAIS POUR L´EMPLOI AU TEMPS DU COVID:

Par **Pierre-Alain Furbury**

Publié le 28 juil. 2020/ Journal en ligne Les Échos

Une crise sanitaire qui redémarre, une crise économique qui déferle et une opinion publique, par là même, doublement inquiète. Très inquiète, même, si l'on en croit le sondage Ecoscope OpinionWay-Square pour « Les Echos » et Radio classique. Appelés à évaluer sur une échelle de 0 à 10, leur degré d'inquiétude « pour eux et pour leurs proches à propos du coronavirus », les Français la situent à 6,5 en moyenne. Surtout, huit personnes interrogées sur dix (78 %) estiment que la situation de l'économie française va encore « se dégrader », quand à peine 9 % tablent sur une amélioration.

Quel est le salaire moyen en France?

Le salaire moyen en France s'élève à 26 634 euros net par an en 2015. Il s›agit de la dernière donnée disponible en date. Le salaire brut mensuel moyen, lui, passe pour la première fois la barre des 3 000 euros, à 3 021 euros en 2016. Une fois encore, il s›agit de la dernière statistique rendue publique à cette date.

Journaldunet.fr

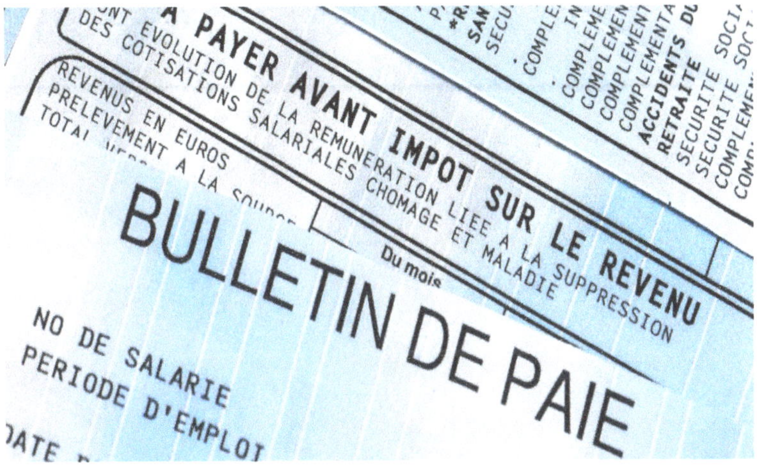

« **Pas crédible** »Les deux-tiers des sondés disent redouter une baisse de la rentabilité de leur épargne - en particulier les personnes âgées - et 54 % une diminution de leurs revenus. Alors qu'Emmanuel Macron a évoqué la perspective d'une **augmentation « massive » du chômage**, un Français sur deux (47 %) craint de voir un de ses proches perdre son emploi « dans les mois qui viennent » et quatre actifs sur dix (37 %) de perdre le leur - notamment les jeunes actifs entre 25 et 34 ans. Des inquiétudes presque aussi fortes chez les cadres et professions intellectuelles que dans les catégories populaires.

Smic est l'acronyme de Salaire minimum interprofessionnel de croissance. Il correspond au salaire minimum en vigueur en France. Les employeurs ne peuvent donc rémunérer un salarié, quel que soit son contrat de travail, en-dessous de ce seuil. Le Smic a succédé en 1970 au Salaire minimum interprofessionnel garanti (Smig). Depuis le 1er janvier 2019, le montant du Smic net mensuel est d'environ 1 201 euros contre 1 173 euros en 2018. Le Smic brut mensuel est de 1 521,25 euros contre 1 498,47 en 2018. Le Smic horaire brut est, lui, de 10,03 euros. Il permet de calculer la rémunération des salariés à temps partiel. On parle aussi de taux horaire. Il existe des Smics spécifiques à certaines professions, comme le Smic hôtelier.

Journaldunet.fr

[3] **Difficulté**

[2] **Temps verbaux: simples et composés 1**

[X] **Thème et bilio jeunesse**

ENTRAÎNEZ-VOUS! À VOUS LA PAROLE!

EXERCICE 1: Circuler les synonymes dans le tableau:

Crise sanitaire	maladie, pandémie, dormir, sortir
Crise économique	dégradation en ventes, plus d´achats, dormir, ralentissement des activités
Amélioration	mieux, pire, lopin, près
Se dégrader	s´empirer, s´améliorer, aller, partir
Rentabilité	retour, profit, traverser, lire
Épargnes	économie, dépenser, acheter, manger
En vigueur	appliqué, suspendu, annulé, circuler
Le seuil salarial	limite, montant, total, monnaie
Rémunérer	payer, retirer, retrait, caisse
Un salarié	fonctionnaire, employé, fleur, horloge

EXERCICE 2:

1. De combien d´heures est la journée du travail dans votre pays?
2. Formulez 6 questions que l´on peut vous poser lors d´un entretien de travail?
3. Quel est le salaire minimum interprofessionnel dans votre pays?
4. Quel est l´âge de la retraite dans votre pays?
5. Combien de fois avez-vous changé de travail?
6. Avez-vous fait des petits boulots dans votre jeunesse?
7. Quel est le smic horaire dans votre pays?

EXERCICE 3: Remplis les places vides par des mots en bas de l´exercice et faites les changements nécessaires

1. Je travaille à [ ] temps
2. Il n´est pas permis de s´absenter du travail sans [ ]
3. Son contrat n´a pas été renouvelé, elle a été [ ]
4. Tout le monde reçoit une [ ] en fin d´année.
5. Elle vient de se trouver un travail. Elle a été [ ]
6. Nous sommes allés chercher un travail dans [ ]
7. Les [ ] sont sur le site de l´entreprise.

8. Le jour de l´entretien, il faudra remettre ________

α. Embaucher
β. Une agence de travail
χ. Plein
δ. Licencier
ε. Prime
φ. Préavis
γ. Offres d´emploi
η. Votre C.V et une Lettre de motivation

EXERCICE 4 : Recréez le dialogue entre vous et l´agent de l´ANPE :

SITUATION PRATIQUE

Lire les annonces-chercher un emploi-inscription aux ASSEDIC-offres d´emploi-faire un C.V- une lettre de motivation-un stage de formation-Agence d´emploi ANPE-en chômage-retrouver du travail- recruter

LEÇON 5 : LES FÊTES ET LES JOURS FÉRIÉS

LECTURE

La Fête nationale française, **la fête du 14 juillet** commémore la prise de la Bastille, prison et lieu public de la décapitation des traîtres dès Louis XI. La Bastille a été brûlée le 14 juillet 1789 lors de la Révolution française et marque aussi la fin de la monarchie absolue et la naissance de la République. C´est un jour férié en France. La Célébration se fait par des défilés militaires au long des champs Elysées, des feux d´artifices à la Tour Eiffel et dans les autres villes de France. Voilà un tableau peint par l´artiste Claude Monet qui represente le défilé au long de l´avenue des Champs Elysées.

Claude Monet, La Rue Montorgueil,1889, le jour de la fête de la paix et du travail

La Saint-Valentin: La fête des amoureux. Elle se fête **le 14 février**, tous les ans. Les couples s´offrent des fleurs rouges, du chocolat ou d´autres cadeaux. Les gens célibataires comme les gens en relation s´habillent en rouge.

La fête de Pâques a généralement lieu un dimanche du mois de mars après le vingt-et-unième jour de ce mois. Elle est le symbole du printemps et de la fertilité de la nature. Les Français la célèbre en mangeant des poules de chocolat, des oeufs ou des cloches. C´est une fête que l´on célèbre dans tous les pays de l´occident. Les parents ce jour-là colorient des oeufs de poule avec leurs enfants, ils les font jouer à la chasse au trésor à la maison ou dans le jardin pour trouver les oeufs de chocolats cachés et éparpillés, donnant des pistes à chaque fois qu´ils sont proches du trésor. Les écoles font venir des mascotes de lapin pour cacher les oeufs.

La fête du travail du premier mai est une journée internationale pendant laquelle le travail est chommé. Vous n´y trouverez ni tramway ni bus. La tradition veut que les Français à l´exemple de Charles IX s´offrent un brin de muguet comme porte-bonheur. Pour les superstitieux seul un brin de muguet à 13 clochettes porterait bonheur.

Le 1 novembre, c´est la Toussaint catholique qui fête les morts saints, proches et amis. On visite le cimetière et on laisse des chrysanthèmes. C´est un jour pour se rappeler et aller se recueillir sur la tombe des gens qui nous ont été chers pendant leurs vies. Ce recueillement peut être fait au cimetière ou chez soi aussi. En célébrant les morts, on revalorise la vie et on apprécie mieux les vivants.

Le 8 mai, c´est la fête de la fin de la deuxième guerre mondiale et la victoire des alliés européens contre les nazis allemands. Cette date est un jour férié en France, c´est aussi un dimanche. Le rituel de célébration fait passer les troupes de soldats place de l´Étoile et on ravive la flamme du tombeau du Soldat inconnu enterré sous l´Arc de triomphe.

Le 11 novembre, c´est la fête de l´Armistice de 1918 – et dans laquelle on rend hommage à tous les morts de la première guerre mondiale à la place étoile.

La fête de Noël a lieu tous les vingt-quatre du mois de décembre de tous les ans. C´est une fête religieuse de la natalité de Jésus Christ et beaucoup de gens vont à la messe à l´église ce jour-là. Noël est célébré en France entre les membres de la famille. Il fait très froid ce jour-ci et il neige aussi. On s´échange des cadeaux mis sous le sapin de Noël après le dîner, vers minuit. À table, les Français préparent une dinde cuite au four avec des légumes, salades et fromage. Au dessert, ils mangent une bûche de Noël au chocolat et à la crème patissière.

Le 31 décembre, C´est la fête du réveillon et un jour férié. C´est le dernier jour de l´année. Les Français le fêtent ou en famille ou entre amis. Certains voyagent pour se reposer et se préparer pour le nouvel an qui débute.

La Fête des rois le 6 janvier. C´est une fête qui célèbre le pouvoir divin des rois et l´Histoire de la France. Après le Nouvel An, les Français célèbrent cette fête avec leurs membres de la famille et s´achètent une galette des rois faite de pâte feuilletée et une fève. Celui qui reçoit le morceau du gâteau avec la fève est nommé roi du jour et peut successivement nommer une reine et distribuer les parts du gâteau. Elle se célèbre le deuxième dimanche après Noël.

ENTRAÎNEZ-VOUS !

EXERCICE 1:

Associez l´image au nom de la fête qui convient. Cherchez l´intrus parmi les photos qui rappellent les fêtes mentionées ci-dessus et mettez les numéros dans les cases données:

1. ______________________ 2. ______________________

3. ______________________ 4. ______________________

5. ______________________ 6. ______________________

7.________________________ 8. ________________________

EXERCICE 2:

Remplissez les trous par les mots qui se rapportent au contexte de la fête donnée:

La place étoile	Sous le sapin de Noël	Chommé	Une galette	La victoire et la paix
13 cloche-ttes	Rendre hommage	Cimetière	La fève	La fin de la monarchie

1.Le 6 janvier, les Français s´achètent une __________ des rois.

2. le premier mai, les Français s´offrent une branche du muguet à __________

3. Le 8 mai, le Président de la France et les Français ____________ aux soldats morts pendant la guerre.

4. Pendant la Toussaint, les proches de gens décédés vont au ____________ pour se recueillir sur la tombe de ceux qu´ils ont perdu.

5.Le 14 juillet célèbre la _____________ en France.

6.Le 8 mai, c´est aussi le jour de _____________ en Europe.

EXERCICE 3:

Nomme des dates de jours fériés dans votre pays. Identifiez les dates des jours fériés en France seulement:

Janvier	Février	Mars	Avril	Mai	Juin	Juillet	Août	Sept	Oct.	Nov.	Déc.
1			1	1							
6	14	8				14		5			
					8						24
								15	7		
	20									8	
					20						
31							31				31

Exercice 4: Situation Pratique

C´est le 6 janvier. Vos grands-parents viennent passer la fête des rois chez vous à la maison. Racontez les festivités de la journée et le repas préparé pour cette occasion.

Lexique Utile:

Une couronne-Une galette- Une fève- une pelle à tarte-le roi du jour-la reine du jour-s´embrasser-avoir la fève-partager un gâteau feuilleté- fourré à la frangipane- poudre d´amandes-dissimuler une fève- - l´enfant plus jeune-sous la table- Qui sera roi? Qui sera reine? Choisir-

LEÇON 6: CÉLÉBRITÉS FRANÇAISES ET FRANCOPHONES

Lisez le synopsis des films et la présentation des célébrités françaises et francophones séléctionnées suivi du visionnement des films en cours:

Dominique Abel et Fiona Gordon dans <u>Pieds Nus à Paris</u>

Bibliothécaire canadienne, Fiona reçoit un jour une lettre de sa tante Martha. Agée de 88 ans, qui entre dans une maison de retraite. Fiona va à Paris aider la vieille dame. Elle fait la connaissance de Dom, dont la maison est une tente située au bord du fleuve. Dom s´entiche de Fiona, et se met à la suivre partout. Un peu agacée au début, Fiona se rend compte qu´elle va avoir besoin de son aide pour retrouver Martha qui a mystérieusement disparu...

Ma Vie en Rose, un film réalisé par Alain Berliner avec Georges du Fresnes, Michèle Laroque et Philippe Écoffey.

Parce qu'il préfère jouer à la poupée qu'au camion, un petit garçon rêveur bouleverse la vie de famille! Avec toute la candeur de ses sept ans, il se maquille comme sa maman, s'habille en fille...il n'y peut rien, c'est sa nature! Mais ses parents ne lui pardonnent pas: Michèle Laroque et Jean-Philippe Ecoffey se déchirent autour de l'enfant indigne, dans une comédie agitée qui s'attaque brillamment au conformisme.

Quelques films:

La Boum

La Boum 2

Tout s´est passé (2020)

Mme Mills , une voisine si parfaite (2018)

Un bonheur n´arrive jamais seul (2011)

De l´autre côté du lit (2008)

Réalisateur.rice: Sophie Marceau/ rôle: Hélène

Avec: Pierre Richard, Nicholas Vaude, Ludivine Clec, Laure Duthilleul

Genre: Comédie

Le Synopsis: Hélène, la patronne d´une maison d´édition de romans à l´eau de rose voit son quotidien changé par l´installation d´une nouvelle voisine, Madame Mills. Cette vielle américaine excentrique prend rapidement de l´importance dans la vie d´Hélène...

Le Synopsis:

Camille a seize ans lorsqu'elle rencontre Éric. Ils s'aiment passionnément et Camille donne naissance à une fille…**25** ans plus tard : Éric trompe Camille avec une autre femme plus jeune et finit par la quitter. Le 31 décembre, Camille se trouve soudain nostalgique et rêvasse de son passé. Elle a de nouveau seize ans. Elle retrouve ses parents, ses amies, son adolescence… et Éric.

Dans le songe hypnotique, elle va fuir et tenter de changer leur vie à tous deux? Va t—elle lui pardonner alors qu´il l´a trahit?

Réalisateur.rice

Noémie Lvovsky

Noémie Lvovsky est diplômée de la Femis. Scénariste, elle a collaboré avec Arnaud Desplechin, Valeria Bruni-Tedeschi, Philippe Garrel… Actrice, on l'a notamment remarqué dans Les **Beaux Gosses** de Riad Sattouf, présenté à la Quinzaine en 2009 et, dernièrement, **Les Adieux à la Reine** de Benoît Jacquot.En 1994, elle réalise son premier long métrage **Oublie-mo**i, présenté à Berlin. En 1999, son film **La Vie** ne me fait pas peur remporte le Prix Jean Vigo. En 2003, **Les Sentiments**, remporte le Prix Louis Delluc. **Camille redouble** est son cinquième long métrage.

Acteurs

- Denis Podalydès
- Michel Vuillermoz
- Noémie Lvovsky
- Samir Guesmi
- Yolande Moreau

Équipe:

Scénario:

Noémie Lvovsky, Florence Seyvos, Pierre-Oivier Mattei et Maud Ameline

Les célébrités du sport:

Kylian Mbappé, *né le 20 décembre 1998 dans le 19e* arrondissement de *Paris,est un footballeur international français* qui évolue actuellement en *Ligue 1* au poste d›*attaquant* au **Paris Saint-Germain.**

Vainqueur du championnat de France en 2017 avec l›*AS Monaco, il est transféré au Paris Saint-Germain* le 31 août 2017. Le soir même, **il marque son premier but en** équipe de France. *Fin 2017,* à 19 ans, *il est déjà considéré comme* **l'un des meilleurs joueurs du monde3.**

Kylian Mbappé est l'un des acteurs majeurs de l'équipe de France qui remporte la *Coupe du monde 2018* en *Russie* sous la houlette de *Didier Deschamps.* **Champion du monde à dix-neuf ans, il devient le plus jeune joueur après Pelé** à inscrire un doublé en phase éliminatoire de **Coupe du monde** (en *huitième de finale face à l'Argentine) et à marquer lors de la finale, remportée 4-2 devant la Croatie.* **Buteur à quatre reprises,** *il est désigné meilleur jeune joueur* de la compétition par la *FIFA*

ENTRAÎNEZ-VOUS !

EXERCICE 1: Complétez la grille sur les films Pieds Nus à Paris et Ma Vie en Rose en trouvant le mot qui correspond aux phrases suivantes s´appuyant sur les synopsis des films

1. Fiona reçoit une ________de sa tante.
2. Comment s´appelle la tante de Fiona? ________________
3. La maison de Dominique est située au bord du ______
4. Dans Ma vie en rose, le fils de Michèle joue à la_________au lieu du camion.
5. L´enfant dans Ma vie en rose est une fille ou un_____
6. Ludovic Fabre aime s´habiller avec des robes____________
7. Dominique Abel est un __________
8. Fiona Gordon n´est pas grosse. Elle est ________________

1.						
2.						■
3.						
4.						
5.						
6.						■
7.						
8.						

EXERCICE 2: La chaîne de mots

1. Pieds Nus à Paris

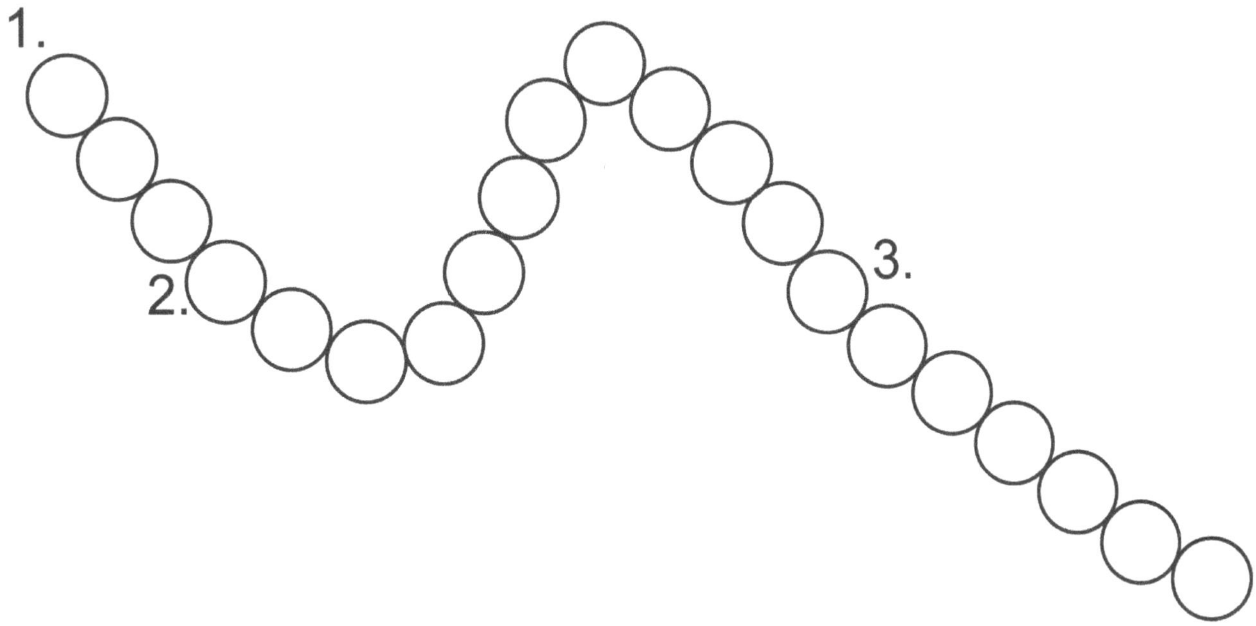

1. Abréviation de sans domicilie fixe
2. Ce qui provoque le rire dans Pieds Nus à Paris
3. Dominique suit Fiona dans tous les coins.

2. Ma Vie en Rose

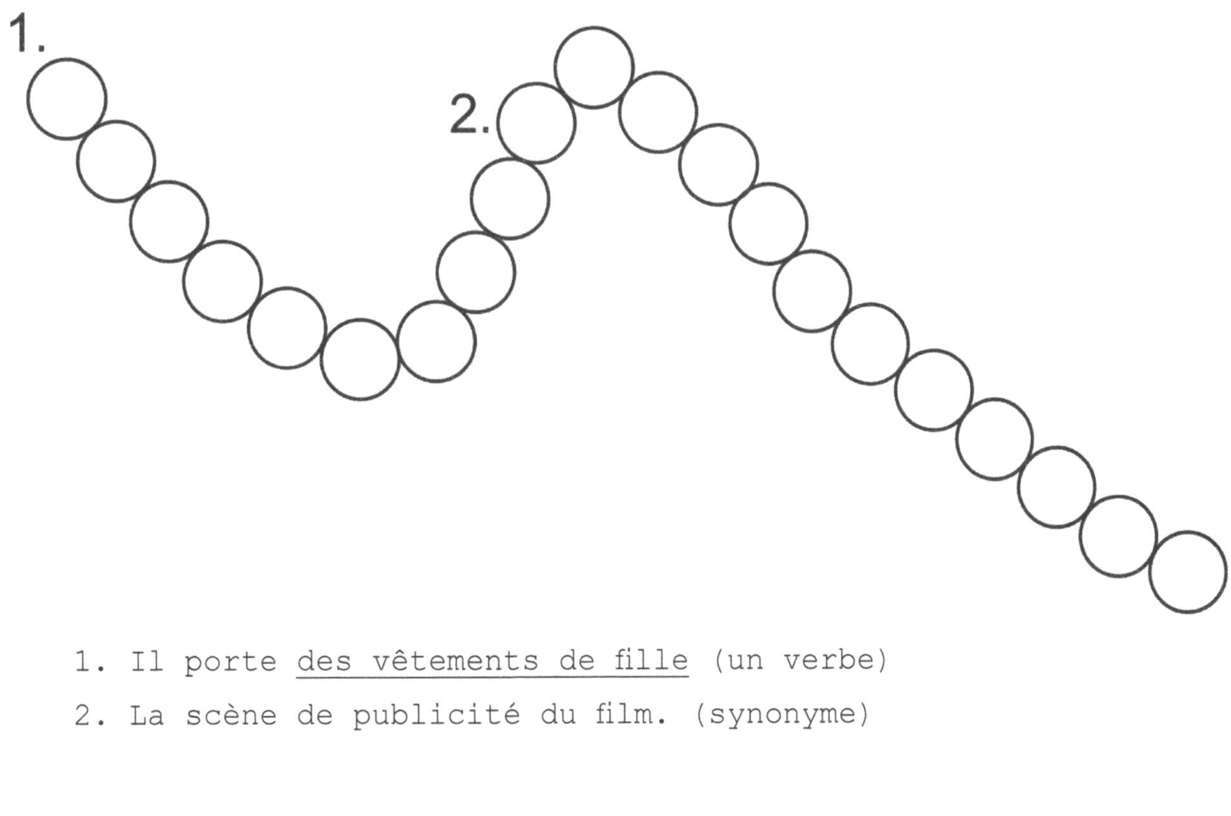

1. Il porte des vêtements de fille (un verbe)
2. La scène de publicité du film. (synonyme)

3. **Mme Mills, une voisine si parfaite-2018**

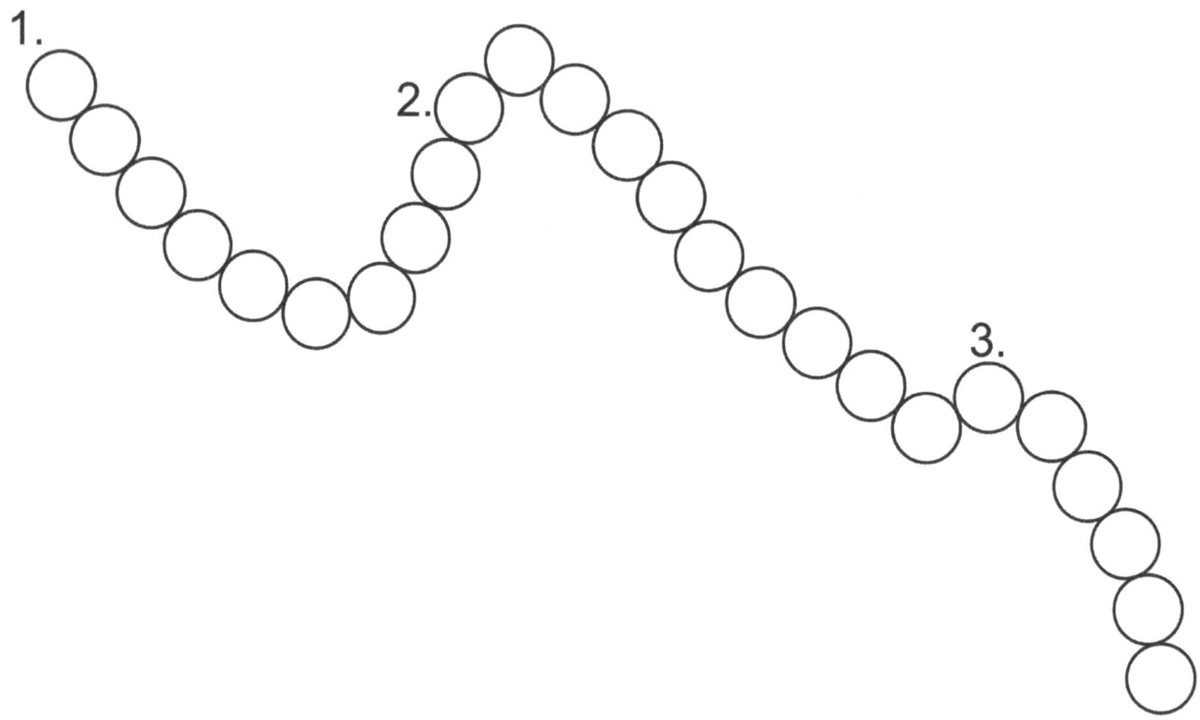

1. Une star de cinéma (synonyme)
2. Faire le résumé du film (synonyme)
3. Une personne qui habite le même immeuble. (synonyme)

4. **Camille redouble-2012**

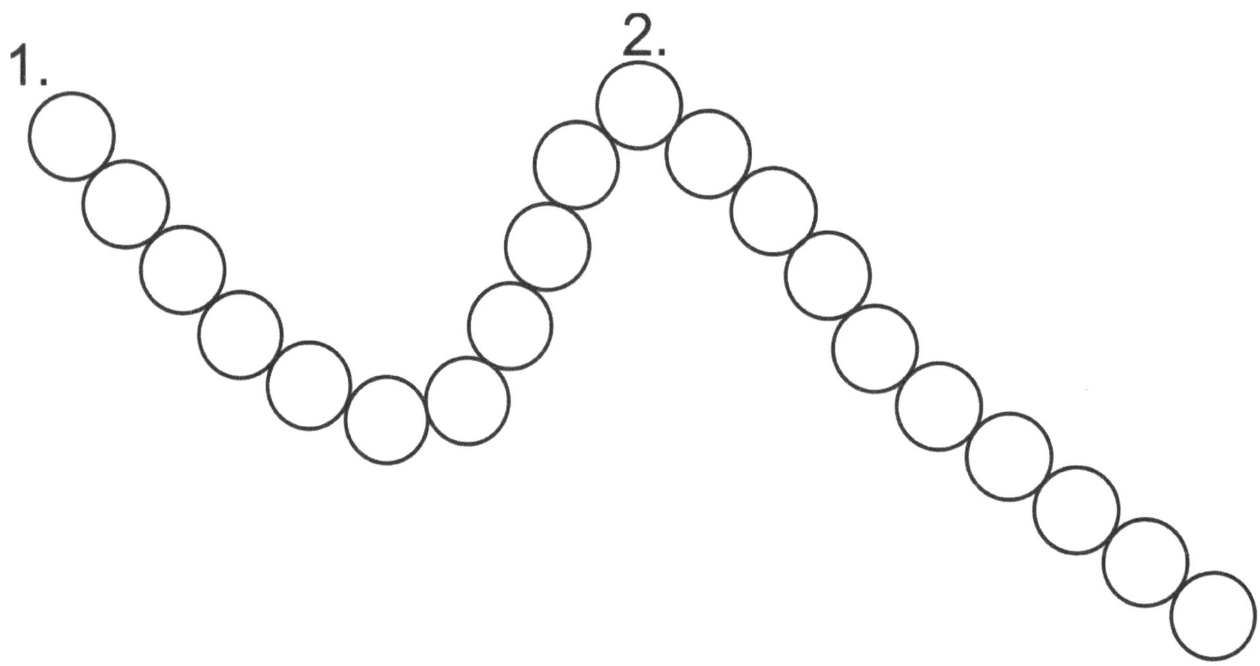

1. Le retour de Camille au passé comme technique du récit fait de ce dernier un récit________
2. Camille boit beaucoup d´alcool. Elle est_______

EXERCICE 3: Projet Communicatif

Regardez les films suggérés et puis discutez avec votre professeur et camarades de classe les sujets suivants:

1. En quoi l´aloolisme suggéré dans le récit rétrospectif de Camille peut-il déranger les adolescents ou adultes qui regardent ce film?

2. Le burlesque dans Pieds nus à Paris est rendu comment dans ce film? Quelles sont les attitudes, les répliques et images quotidiennes qui le révèle?

DOSSIER 5

Grammaire et Orthographe

- ✓ L´impératif et le jeu du carré
- ✓ Le présent de l´indicatif et le jeu de mémoire
- ✓ Le futur simple et le jeu du tapis des verbes éparpillés
- ✓ Le passé composé et le nuage d´auxiliaires
- ✓ Le COD et le COI et le jeu de collocations
- ✓ L´accord du participe passé avec l´objet et le jeu de parcours
- ✓ La concordance des temps verbaux en jeu de cartes
- ✓ Le tapis des suffixes
- ✓ Les adverbes d´intensité en jeu du trajet fléché
- ✓ Les adjectifs de couleurs et ses variations en jeu du carré
- ✓ Les conjonctions en jeu d´intrus
- ✓ Les pronoms démonstratifs et possessifs en jeu de morpion
- ✓ Les mots composés en messages codés
- ✓ Les pronoms "en", "y", Le, la, les en nuages de mots
- ✓ Le discours rapporté
- ✓ Les pronoms relatifs simples et composés

1

OBJECTIF: Forme affirmative, Forme négative de l´impératif

DOSSIER: Donner des conseils, des ordres

EXERCICE 1 :

Lisez le paragraphe et coloriez en rouge les verbes déjà soulignés à la forme affirmative de l´impératif et en bleu les verbes à la forme négative de l´impératif :

Le prince donne ordre aux guerriers:

- Convoquez le Grand Conseil et l´armée du royaume. Allez sans tarder à la recherche des hommes pour attaquer le Roi Gaspillard. N´affaiblissez pas , c´est devant l´adversité que l´on découvre sa grandeur.

L´impératif n´utilise pas de pronom sujet.

Le verbe est conjugué à la deuxième personne du singulier **(tu)**, à la première personne du pluriel **(nous)** et à la deuxième personne du pluriel **(vous)**.

À la forme négative, on met "ne" avant le verbe et "pas" après le verbe.

Exemples: Viens, Venons, Venez

Ne viens pas, Ne venez pas, Ne venez pas

Note :

La première personne de l´impératif prend « s » devant

« en » et « y » : Vas-y, Achètes-en.

Conjugaisons des 3 groupes

Vas	Sois	Aie	Sache	Offre
Allons	Soyons	Ayons	Sachez	Offrons
Allez	Soyez	Ayez	Sachons	Offrez

L´impératif en usage pour donner des ordres et des conseils :

Donne-moi un café.

Écoutez ce que je vous dis.

Dites un mot.

Ne reste pas planté ici.

Ne crains rien, les portiers s´en chargeront.

ENTRAÎNEZ-VOUS !

Exercice 1 : Coloriez les verbes employés au présent de l´impératif, puis mettez-les à la forme négative.

Dîne bien, Cléarque, soupe le soir, mets du bois au feu, achète un manteau, tapisse ta chambre, tu n´aimes point ton héritier, tu ne le connais point, tu n´en as point.

(Les Caractères, 63, p.183)

Exercice 2 : Le jeu du carré

Mettez les verbes à l´impératif et à la deuxième personne du pluriel

1.

-moi	donner
boire	à

La Bruyère, Jean de. Les Caractères, Garnier-Flammarion, Paris, 1965

2.

Ce que	Écouter
Je raconter	donc

3.

Respecter	Mme Angout
Bien	la future présidente

4.

Dire	un
Mot	avant de partir

Exercice 3 : **Le tapis éparpillé**

Liez les verbes des cases avec les mots du tapis pour former des phrases à l´impératif

1.Être	5.Regarder
2.Aller	6.Préparer
3.Compter	7.Parcourir
4.Faire	8.Se lever

Une expédition	à l´heure
Au pôle nord	tôt
La piste de course	vos sous
Les étoiles	le devoir

1.

2.

3.

4.

5.

6.

7.

8.

Le Projet Communicatif : décrire un itinéraire

Décrire l´itinéraire de votre salle de cours 1 jusqu´au réfectoire. Utilisez des phrases négatives et des phrases affirmatives.

(6 lignes)

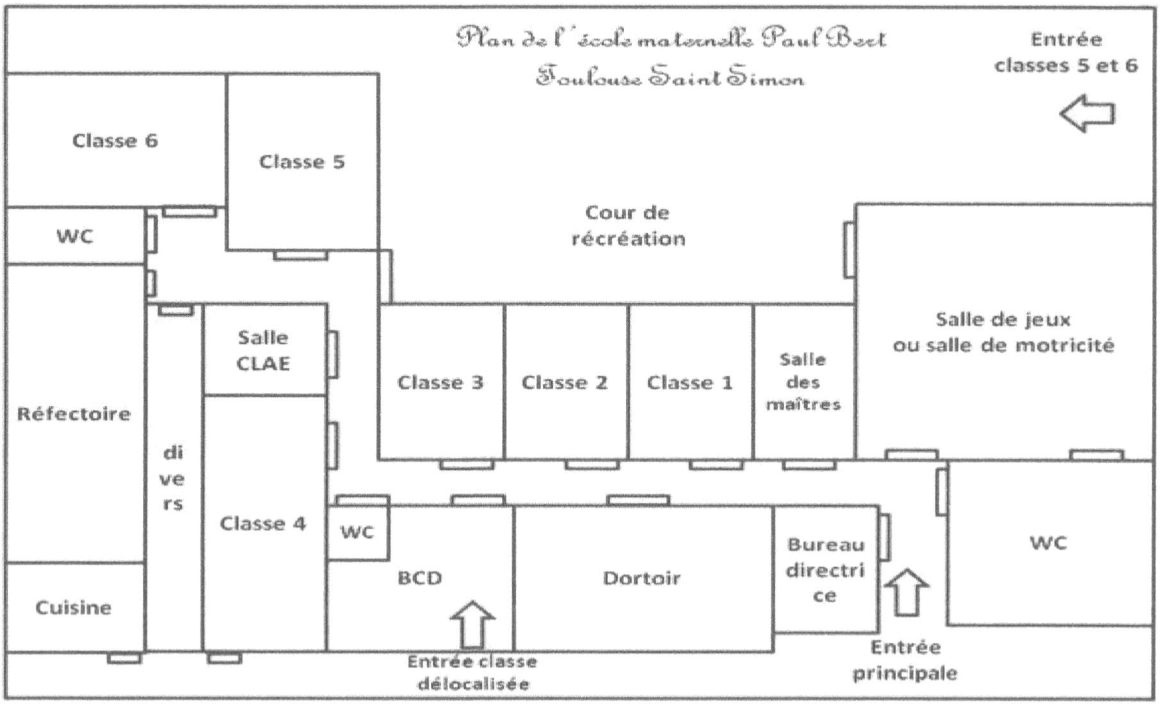

2

OBJECTIF: Identifier et utiliser le COD

DOSSIER: Loisirs: musique, sport, monuments

Leçon 2:

La coupole de Gallerie Lafayette

Sur l´Avenue des Champs Elysées

EXERCICE 1 : Lisez le paragraphe suivant et coloriez en jaune les compléments d´objet direct qui sont déjà soulignés puis découvrez les règles d´identification des COD

Nadine m´envoie son voisin l´ingénieur pour faire les cerfs-volants. Tonton Simon a un permis de chasse. Il aime chasser des lapins. Il les chasse toujours alors qu´ils mangent des carottes.

Définition

Le complément d´objet direct est lié directement au verbe, point de préposition.

Pour l´identifier plus facilement, la grammaire veut que l´on pose la question: **"quoi"** après le verbe ou **"qui"**

L´objet direct est toujours un nom commun, un nom propre.

Exemple 1: François mange des pommes.

François mange quoi?

Exemple 2:

J´appelle **tonton Paul**

J´appelle qui?

Lisez les phrases suivantes: Regardez comment on découvre le COD

Quoi ?

1. Un chirurgien soigne des blessures.

Quoi ?

2. Les baionnettes provoquent la mort de plusieurs milliers de soldats.

Quoi ?

3. Thomas fait ses devoirs.

Quoi ?

4. Pedro écrit un livre.

ENTRAÎNEZ-VOUS !

Exercice 1 : le texte à trous

les opéras-ne plus les écouter-la bibliothèque-ce livre-Le dîner -la musique-un concert-un concert

« En attendant (1)___________les trois hommes écoutent (2)____. Candide apprécie (3)_____mais Pococurante s´ennuie au bout d´une demi-heure. Il préfère (4)____italiens mais dit (5)______. Ils visitent (6)______du palais. Candide regarde (7)___et dit : -Le grand philosophe allemand Pangloss aimerait (8)_____d´Homère. »[1]

(Voltaire, Candide, page 50)

Exercice 2 : Barre la phrase intruse **qui n´a pas de COD**

1.Est-ce que tu as un briquet ?
2.Il imite les postures d´un lutteur
3.Il s´exerce au javelot
4.Il tombe du cheval et se casse la tête
5.Est-ce qu´il parle à des gens qu´il ne connait pas ?
6.La maman achète une brassière pour son nourrisson
7.Le pâtissier fait des petits-pains au chocolat

1 - Voltaire, Candide. Hachette Livre, Paris, 2018

Exercice 3 : Complète les phrases avec un COD

1. La butte de Montmartre regroupe________________
2. Les sapins protègent___________________
3. Le conservatoire offre___________________
4. Le disquaire vend __________________
5. Sébastien ne prend pas_________________
6. La Chorale de l´école interprète___________________

SITUATION PRATIQUE

Exercice 4 : LE PROJET COMMUNICATIF

Invite un ami à aller faire une promenade au parc. Racontez ce ce que vous avez vu et ce que vous avez fait. Utilisez le COD et des verbes au passé composé. Employez les verbes de la case :

Manger-boire-attendre-regarder-visiter-apprécier-aimer

3

OBJECTIF: Identifier et utiliser le COI

DOSSIER: Insectes et animaux

EXERCICE 1 : Coloriez en orange les COI du paragraphe qui sont déjà soulignés puis lisez les règles en bas :

La mère de Fabienne a des excès de mauvaise humeur. Mon chaton l´énèrve avec sa nouvelle balle. Pourtant hier, elle s´est donnée un mal de chien sous la pluie pour s´occuper de l´achat de ses croquettes et pâté de dinde.

La valise des règles à retenir

Le COI est attaché au verbe par une préposition: (à, de, en).

Ces verbes sont dits intransitifs et n´admettent pas un COD, c´est à dire un substantif non précédé de préposition. On pose la question suivante après le verbe intransitif: à quoi? de quoi? de qui?

Liste des verbes intransitifs:

Décider de-parler à-penser à-Choisir de-Songer à-essayer de-s´attendre à-ressembler à-Croire à

Exercice 2 : Lisez le texte suivant et coloriez en mauve les COI soulignés dans ce paragraphe. Quelle est la question que vous avez posée après le verbe instransitif ? Écrivez-la ?

Les documentaires sur la chaîne Discovery révèlent que les loups s´attaquent surtout aux proies malades et affaiblies. Les loups dorment le jour et ils essaient de chasser leurs proies le soir. Ils chassent en groupe pour pouvoir mordre et déchirer la viande de leur déjeuner.

Exercice 3 : Soulignez **en vert** le COI dans les phrases suivantes et identifiez le verbe intransitif qui le précède.

1. Pour en faire une alliée, j´ai entrepris de lui raconter une histoire.
2. Ils parlent de politique.
3. Avant de voyager, Maria songe à tous les ennuis qu´elle pourrait avoir.
4. Je ne tiens pas à m´aventurer seul dans les bois.
5. Je demande à Jacques de me venir en aide.
6. Je m´attends à être bien reçu.
7. Nous pensons à notre atterrissage.

Exercice 4 : Faites 10 phrases complètes en combinant les COI avec des verbes instransitifs. Faites les transformations nécessaires (contraction de la préposition avec l´article)

Parler de

Penser à

Se souvenir de

Aider à

Obéir à

Songer à

Essayer de

Désobéir

Se nourrir de

Sortir de

Les Coccinelles

Les COI

Les araignées-les Esquimaux-les papillons-les parents-leur détresse-faire un dessin-apprendre la leçon-les pucerons-les mouches-les sauterelles

Exemple : Les Coccinelles se nourissent **des pucerons** (COI)

1.
2.
3.
4.
5.
6.
7.

Les Pucerons

Exercice 5 : Le Projet Communicatif

Vous faites une visite guidée à une apiculture et vous demandez des informations à l´apiculteur sur les abeilles. Faites des questions et répliques où vous utilisez un COI. Utilisez les vocables suivants.

(8 lignes)

Consiste-Se charger-Servir à-Éviter de-Transformer en-

4

OBJECTIF: Usage du passé composé

DOSSIER: Au camping

Le Passé Composé

Le passé composé est un temps du passé. Il se conjugue avec l´auxiliaire "être" ou " avoir" au présent + le participe passé.

Exemple: j´ai parlé.

Je suis partie

La Mosquée Mohammed VI. Casablanca. Maroc

Liste des verbes avec "être"	**Presque tous les verbes se conjuguent avec "avoir"**
Monter- Revenir Devenir Quitter partir	

ENTRAÎNEZ-VOUS !

EXERCICE 1 : Coloriez en rouge où il y a des verbes conjugués au passé composé :

L´été dernier nous sommes allés au Cantal passer des vacances au camping. Nous avons visité la famille et nous nous sommes reposés à la campagne près de la nature. Nous avons fait des randonnées à vélo et nous avons mangé des quiches et des truites.

Exercice 2 : Mettez les verbes entre parenthèses au passé composé

La famille Meunier (décider) de partir en vacances à un camping 5 étoiles, grand luxe. Ils (remplacer) les tentes par des bungalows très haute gamme.

Le camping (recruter) des animateurs pour occuper les enfants à longueur de journée. Des cours de dessin, de yoga, de natation et une discothèque (occuper) enfants et adultes.

À la fin de leurs vacances, la famille (revenir) emportant pleins de souvenirs, la tête pleine de visages et de paysages.

Exercice 3 : Faites les transformations nécessaires

1. J´ai cueilli des cerises (Nous)
2. Elle est devenue laide (Tu)
3. J´ai rencontré un imam dans une mosquée. (Cyril)
4. Francine a reçu un bouquet de fleurs. (Vous)
5. Ils se sont quittés puis remis ensemble. (Nous)
6. Nous avons dîné au Mistral. (Ils)

Exercice 4 : Autour du verbe « tourner »

Lisez les phrases, mettez le verbe au passé composé puis expliquez leurs significations :

1. Le lait (tourner) en chauffant.
2. Je (tourner) tout doucement la clef dans la serrure.
3. Je (tourner) le dos à ces problèmes.
4. Je le(tourner) en ridicule.
5. Il le (tourner) en bourrique.

<u>Exercice 5</u> : Un jeu de mémoire

Les personnages du dessin animé brésilien : Monica et ses amis de l´auteur brésilien Mauricio de Souza font diverses activités dans les dessins ci-dessous. Combinez les actions décrites avec les photos pour former des paires. Commencez vos phrases par : la semaine dernière et mettez les verbes au passé composé.

Brasserie Le Mistral.
Place du Chatelet.

1.Magali   2.Cebolinha   3.Cascão   4.Monica, Cascão, Cebolinha et Magali

5.Cascão

Manger des fruits
Jouer au balon
Prendre un bain
Regarder la télévision
Faire le devoir

Exercice 6 : Le Projet Communicatif

Téléphonez à une agence de voyage et faites une réservation d´un séjour au pays de votre choix. Utilisez le passé composé

(9 lignes)

5

L´USAGE DES PRONOMS OBJETS DIRECTS (LE,LA, LES) , LES PRONOMS OBJETS INDIRECTS (LUI,LEUR) ET LES PRONOMS "EN" ET "Y".

Thème: Légendes et Animalerie

1.Définition

Les pronoms objets directs remplacent un complément d´objet direct et prennent les formes suivantes: **me, te, se, le, la,nous, vous, les.**

Les pronoms objets indirects remplacent un complément d´objet indirect et prennent les formes suivantes: **me, te, se,lui, nous, vous et leur.**

Le pronom **"en"** remplace un complément de nom précédé de la préposition "de".

Le pronom **"y"** remplace un complément circonstanciel de lieu.

Le pronom **"y"** remplace un complément circonstanciel de lieu.

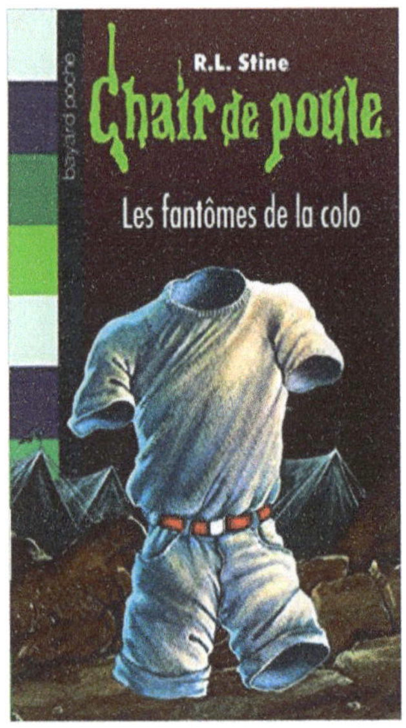

2. Comment reconnaître un complément d´objet dans la phrase:

 Le complément d´objet direct est placé directement **après** le verbe. Pour l´identifier, il faudra poser la questin: **quoi**? **qui?**

 Il désigne des personnes, des choses ou des pronoms personnels **(me, te, se, nous, vous)** et est remplacé par: **le, la, les, lui. Ces pronoms sont placés avant le verbe).**

Ex: Il fait rentrer **les chaises**. (une chose)

Il fait rentrer quoi? Les chaises.

IL **les** fait rentrer

Il fait rentrer **les enfants** (une personne)

Il **les** fait rentrer

Elle **nous** abandonne dans la rue

Pronom personnel objet

Georges **vous** suit

Pierre **te** respecte

 Ces verbes : **abandonner, suivre, respecter, gêner** prennent pour objet direct un pronom personnel

(**me, te, se, nous, vous**)placé avant le verbe.

- **Le complément d´objet indirect** est placé indirectement après le verbe par une préposition après le verbe et pour l´identifier on pose la question: à quoi

Je vais parler aux élèves ce soir

Je vais leur parler ce soir.

Il me fait des cadeaux.(à moi)

(Pronom personnel COI)

- **Le complément remplacé par "en"** est précédé par l´article partitif: **"du" , "de la" ou "des".** Là où il y a l´article partitif, il y a le pronom "en»

Je ne bois pas de café (un liquide)

Je n´en bois pas.

Les chiens ont mangé des croquettes (Ils en ont mangées)

Tu as des amis?

Oui, j´en ai.

Je parle de politique

J´en parle

- Le Complément de lieu précédé par la préposition "à" et "au" designe un lieu et on le remplace par "y"

Exemple: Je ne vais pas au cinéma (une place)

Je n´y vais pas.

La Place des Pronoms Objets, En et Y:

- Les pronoms objets se placent **entre** le sujet et le verbe à l´indicatif et avant le verbe au passé

Ex. je **le** vois, je **l´**ai vu, je **lui** ai parlé, je **le** verrai

Je n´**y suis pas** allée

J´**y** suis allée

- Les pronoms **"en"** et **"y"** se placent **entre** le sujet et le verbe à l´indicatif **ou aux temps passé composé:**

Ex. j´**en** ai parlé, j´**y** suis allé, j´**y** vais, j´**en** veux.

Entraînez-vous!

Exercice 1 : Coloriez en orange les pronoms objets directs et indirects ainsi que les pronoms « en » et « Y ». Dites les objets substantifs que chaque pronom remplace.

La légende du Miroir

-Paul ? cria Jérémie en **me** fixant les yeux écarquillés

-Paul, où es-tu ? demanda Sophie.

-Mais je suis là, je n´ai pas bougé, répondis-je

-Mais on ne **te** voit pas ! hurla Marie.

Les yeux exorbités, l´air terrifié , ils regardaient tous les trois dans ma direction. Mais j´étais sûr qu´ils bluffait.

-Lâchez-moi, les gars ! Je ne suis pas aussi idiot que **j´en** ai l´air. Votre blague ne **m**´impressionne pas !

-Mais Paul...insista Jérémie. On est sérieux !

-On ne **te** voit pas ! répéta Marie.

Idiots, idiots, idiots.

Protégeant mes yeux d´une main, je tirai sur la chaîne de l´autre.

La lumière s´éteignit, mais je restai ébloui. J´eus beau battre des paupières à plusieurs reprises, de grosses taches blanches dansaient toujours devant moi.

-Eh ! Tu es revenu ! s´écria Jérémie.

(...)

Ce n´était pas une illusion d´optique, déclara Sophie. J´étais à côté de Paul et je ne **le** voyais pas ! (...)

Il fait trop noir derrière. Je n´**y** vois rien.

(R.L. Stine/ Série Chair de poule, Prisonniers du Miroir traductions de l´anglais par Charlie Meunier, Ed. Bayard Poche, p.p 20-21

LA NUIT QUI NE FINIT PAS

AGATHA CHRISTIE

Je lui ai demandé alors comment lui, il l´appelait et de nouveau (1) **il a détourné de moi ses yeux** enfouis dans son vieux visage ridé, de cette étrange façon qu´ont les gens de la campagne de vous parler en regardant ailleurs, par-dessus votre épaule ou dans un coin, comme s´ils voyaient une réalité connue d´eux seuls:

-Par ici, c´est l´Arpent du Gitan, qu´on l´appelle.

-Pourquoi l´appelle-t-on comme ça? demandai-je.

-Bah! Rapport à une legende. J´sais pas au juste. Les histoires, ça va, ça vient. N´importe comment, c´est là où il y a tous ces acidents.

-Des accidents de voiture?

-Toutes sortes d´accidents. De nos jours, c´est vrai que c´est surtout des accidents de voiture. Il y a un mauvais virage, là-haut, vous savez.

-Eh bien, dis-je, si le virage est mauvais, (2) **c**´est normal qu´il y ait des accidents.

-(3)**La municipalité a mis un signal "danger"** mais ça n´a rien donné, rien de rien. Il y a des accidents tout pareil.

-Pourquoi "Gitan" demandai-je.

De nouveau son regard glissa derrière moi et sa réponse a été évasive:

-Une legende parmi d´autres. (4)**C´est un terrain qui appartenait autrefois aux gitans**, qu´ils disent, et (5)**ils**

en ont été chassés, alors (6)**ils y ont jeté un sort en partant**.

Je me suis mis à rire.

-Ouais, vous pouvez rigoler, mais ça existe, les endroits maudits. Vous, les je-sais-tout de la ville, vous ne connaissez pas ça. (7)**Mais pour sûr qu´il y a des lieux maudits**, et le mauvais sort, (8)**je vous dis qu´il est sur cet endroit**. Il y a des gens qui ont été tués, là haut, dans la carrière, quand c´est (9) **qu´ils ont extrait des pierres pour construire.** Même que le vieux Geordie, (10) **il a basculé dans le vide**, une nuit, et (11) **qu´il s´est cassé le cou**.

Agatha Christie, La Nuit qui ne finit pas, Ed.1967, Agatha Christie Ltd. p.7-8

EXERCICE 2 :Lisez le texte suivant et remplacez les compléments dans les phrases soulignées par un pronom d´objet direct, indirect le, la, les, lui et leur, en et y. Donnez aussi la structure originelle des phrases 6, 7.

1.

2.

3.

4.

5.

6.

7.

8.

9.

10.

3	**Difficulté**
2	**Temps verbaux: simples et composés 1**
X	**Thème et bilio jeunesse**

Loup

Le Grand Tétras

Une morue

EXERCICE 3: Faites les transformations nécessaires remplaçant les compléments d´objet directs, indirects et les compléments de nom par: le, la, les, lui, leur, en et y.

1. Il a poussé un profond soupir.
2. Il n´avait pas conscience des périls de ce monde titanesque.
3. Il ne voyait pas les convois de ravitaillement arriver les uns après les autres.
4. Un fragile cordon reliait les quatre milliards d´habitants.
5. Il revient au centre demain.
6. Le journaliste change d´avis à chaque instant
7. Les astronautes resteront plusieurs semaines dans la navette spatiale.
8. Il laissait à ses hôtes une certaine liberté de mouvements.
9. Il mène une vie dure.
10. Brigitte s´est enfuie du clos.
11. Il souhaite l´aide du diable.
12. Il a saisi sa lanterne et l´a agitée dans tous les sens pour s´assurer qu´il n´y a pas de loup-garou dans la région.

Les Hautes Pyrénées

EXERCICE 4 : Remplacez les pronoms le, la, les, lui, leur, en et y dans les phrases données par les noms suivants:

À Thierry
Au bois
À la forêt,
Du Berger,
Sur le pain
du poulailler
Les marches
À la ferme,
En besogne
Le linge,
Une assiette de bouilli de froment,

1. Elle y a beaucoup de travail.
2. Nous devons les courrir en premier.
3. Ils n´y iront plus pour faire de la promenade.
4. La fermière s´en ocupe.
5. Le loup-garou y vit.
6. Il en mange au déjeuner.
7. Je lui ai servi un copieux plat de morue et des patates arrosées de l´huile et du vinaigre.
8. Les femmes le lavait.
9. Elle s´y remettait après le déjeuner.
10. La porte du tôle s´y refermait rapidement.

EXERCICE 5 : Remplacez les places vides par des pronoms d´objet de personnes : (me, te, se, nous, vous)

« Les fortes brutalités de la nature ou des hommes peuvent ______faire pousser des cris d´horreur ou d´indignation, mais ne ________ donnent point ce pincement au coeur, ce frisson qui_______ passe dans le dos à la vue de certaines petites choses navrantes. » (Contes de la Bécasse, Guy de Maupassant. P. 52)

EXERCICE 6: **Les compléments d´objet en photos**

L´animalerie soins et accessoires pour chiots et chiens propose les accessoires suivants. Formuler des phrases avec des compléments d´objet directs, indirects et complément avec "de". N´oubliez pas de se servir des illustrations

Ex. Mon chiot a son nom sur le collier. Il **l´**a tout le temps autour du cou.

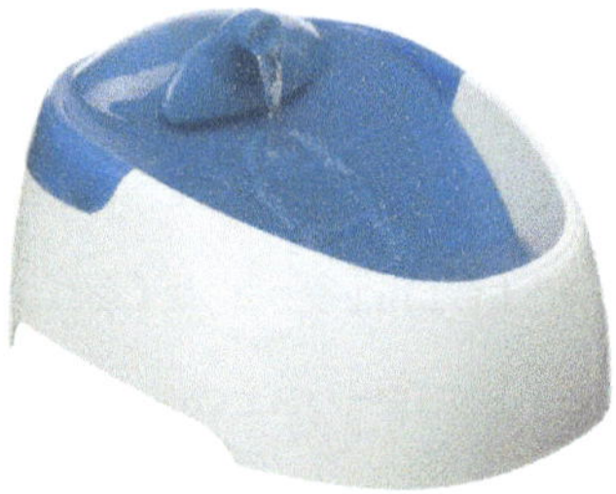

1. Une grille de séparation	2.Un distributeur de croquettes	3.Une fontaine

4.Une muselière	5.Un collier	6.Un jouet à macher

1.

2.

3.

4.

5.

6.

EXERCICE 7: Formez des phrases en utilisant, pour chacune d´elles, un élément de chaque colonne

1.

2.

3.

4.

5.

Le Sujet	**Le Verbe**	**Le complément d´objet direct, indirect, et complément de nom avec de**
Les Esquimaux	étais enveloppé	de fourrures chaudes La mèche de la lampe à l´huile de phoque
Ils	vivent	dans des igloos
Il se	allume	à traineaux
Il	se mobilisent	les jambes
J´	couvrait	

EXERCICE 8: LE PROJET COMMUNICATIF

Reproduisez la conversation avec le vendeur qui vous a aidé dans l´animalerie soins et accessoires pour chiots et chiens pour trouver les accessoires nécessaires pour votre chiot. Utilisez des pronoms d´objets directs, indirects, « en » et « Y ».

____

____

____

____

____

____

____

____

____

____

(10 lignes)

6

L´ACCORD DU PARTICIPE PASSÉ AVEC le PRONOM OBJET DIRECT

THÈME: LA LUTTE CONTRE LE CHÔMAGE

EXERCICE 1 : Coloriez en vert où il y a accord du participe passé avec le pronom objet placé avant le verbe dans le paragraphe qui suit, puis lisez les règles en bas :

Le chômage est un problème social qui laisse certains diplômés impuissants. L´assurance chômage les a aidés pendant 6 mois. Le Pôle emploi où ils se sont inscrits, les a appelés récemment pour leur proposer quelques offres. Pour Gilles, celui à la banque Paribas l´a plus intéressé.

Définition :

Mlle Jeanne

Quand l´objet direct est placé avant le verbe conjugué au passé composé,

le participe passé s´accorde en genre et en nombre avec l´objet qui le précède.

Exemple: **Il a regardé la télé.**

Il l´a regardée.

Les pronoms objets directs:

Me

Te

Le

La

Nous

Vous

leur

Accord du verbe "appeler" avec le pronom objet direct

Il m´a appelée

Il t´a appelée

Il l´a appelée

Il nous a appelés

Il vous a appelés

Ils les a appelés

1 Les pronoms objets font référence à un objet direct féminin.

ENTRAÎNEZ-VOUS !

Exercice 1 : Conjuguez les verbes entre parenthèses au passé composé, puis faites l´accord du participe passé avec les pronoms objets directs (le-la-les) quand la règle s´applique :

Pôle Emploi, le service public de l´emploi en France guident les entreprises dans leurs recrutements, accompagnent les chômeurs vers le retour à l´emploi et l´insertion professionnelle.

Son C.V et sa lettre de motivation, Pauline les(rédiger) et les(déposer)fin septembre et l´agence d´emploi la (mettre) en contact avec l´employeur deux mois plus tard. Les dirigeants de l´entreprise la (interviewer) et le contrat, elle le (signer) une semaine après.

Exercice 2 : Classe dans ce tableau les différentes parties des phrases données

1. Jacques l´a recrutée en horaires décalés.
2. Je l´ai connu en périodes de chômage entrecoupées de periodes d´emplois.
3. Ils l´ont embauchée en contrat CDI.
4. Il l´a avalée jusqu´à la dernière goutte
5. Vous ne l´avez pas connue quand elle faisait de l´intérim ?
6. Je l´ai vécue , la précarisation du travail.

Sujet	Auxiliaire	Pronom objet	Le participe passé
Jacques	a	La	recrutée

Exercice 3: **Conjuguez les verbes au passé composé puis faites l´accord du participe passé avec le pronom objet direct**

1. Elle vous (guêter) pendant une semaine derrière la porte.
2. La lune nous (baigner) de sa lumière.
3. Il les (ficeler) avec une pancarte sur la poitrine
4. Ils me (adopter) toute petite.
5. Tu(avoir rencontrer) la nouvelle directrice ?

Exercice 4 : **le jeu de parcours.**

En paires, lancez le dé complétez le jeu linguistique.

As-tu rencontré le nouveau gérant ? 1.	 2.
As-tu lu Candide de Voltaire ? 3.	**Les enfants ont regardé le lapin-garou ?** 4.
Il t´a donné le guide du routard ? 5.	**Tu as loué des patins ? 6.**
Ils ont rembouré le propriétaire? 7.	**Nous avons loué une gondole.** 8.
 9.	La mongolfière a emporté les visiteurs. 10.
Ils ont téléphoné aux pompiers ? 11.	**Vous avez payé la facture?** 12.
 13.	**Est-ce que la saison touristique a été mauvaise ?** 14.

I N S T R U C T I O N S	1. Lance le dé. Va à la case indiquée. 2. Identifie le COD. Remplace-le par un pronom objet et fais l´accord. 3. Continuez jusqu´à la fin. Si vous voulez plus de pratique, répétez l´exercice. 4. Si vous tombez sur le loup-garou, vous devez retrograder une case. 5. Si vous tombez sur la fissure dans l´asphalte, rebroussez votre chemin à la case départ. 6. Si vous tombez sur le portal, allez de l´avant, une case.

Exercice 5 : Liez les collocations des accords du participe passé avec l´objet direct

A.

Les coups que- Les blagues que- la voiture nous a- L´histoire qu´elle- La vie commune qu´il a

B.

J´ai écoutées -a adorée-a menée- J´ai donnés à Patrick- éclaboussés-

Exercice 7 : Le Projet Communicatif

Développez un plan pour la lutte contre le chômage . Utilisez le vocabulaire donné et utilisez des pronoms objets directs.

(9 lignes)

Créer-1000 emplois-formation sur l´emploi-salaire décent-réduire-le temps de recherche d´emploi-offres d´emploi-élasticité de la durée du chômage-deux emplois-assurance chômage-allocation chômage-Salaire de réservation

7

OBJECTIF: Conjugaison des verbes "être", "avoir" et des verbes du 1er, 2ème et 3 ème groupe au présent

DOSSIER: Art

EXERCICE 1 : Coloriez en mauve où il y a des verbes conjugués au présent de l´indicatif :

Mme Delaume va avec sa secrétaire Claire à un vernissage :

- À quelle heure commence le vernissage à la galerie du centre commercial ?

Claire : C´est prévu pour sept heures.

Mme Delaume : Le vin et les hors d´oeuvres doivent être payés à la sortie et la tenue des invités n´a pas à être formelle. Une tenue du jour le jour est acceptable. Nous pouvons rencontrer l´artiste des tableaux et acheter un de ses tableaux lors du vernissage.

Claire : Le vernissage se termine heure ?

Mme Delaume : Nous partons avant la fin du vernissage prévue pour dix heures.

DÉFINITION

Le présent de l´indicatif indique qu´un fait, une action se passe au moment de l´énonciation. On peut aussi l´utiliser pour exprimer une vérité tout le temps vraie ou un fait habituel.

Les verbes du premier groupe se terminent en (-er), du deuxième groupe en (-ir) et les verbes du troisième groupe en (-re). Les trois groupes incluent des verbes irréguliers qui changent de radical et de terminaison lors de la conjugaison. (conclu**re**-Connaît**re**)

Exemples: Je parl**e**-Tu parl**es**-Il parl**e**-Nous parl**ons**-Vous parl**ez**-Ils/ Elles parl**ent**

Je fin**is**-Tu fin**is**-Il/Elle fin**it**-nous fin**issons**-vous fin**issez**-ils/elles fin**issent**.

Je per**ds**-Tu per**ds**-Il/Elle per**d**-Nous per**dons**-Vous per**dez**-ils/Elles per**dent**

Irréguliers

Je v**ais**-Tu v**as**-Il/Elle **va**-nous a**llons**-vous a**llez**-ils/elles **vont**.

J´écr**is**-Tu écr**is**-Il/Elle écr**it**-Nous écr**ivons**-Vous écr**ivez**-Ils/Elles écr**ivent**.

Les auxiliaires « être » et « avoir » au présent

Être

Je suis-Tu es-Il/Elle est-Nous sommes-Vous êtes-Ils/Elles sont

Avoir

J´ai- Tu as-Il/Elle a-Nous avons-Vous avez-Ils/Elles ont.

Les deux auxiliaires sont considérés irréguliers

ENTRAINEZ-VOUS !

Exercice 2: Mettez les verbes entre parenthèses au présent

Dans une conversation de Pablo Picasso avec George Brassaï, le photographe français d´origine roumaine, le peintre célèbre confesse :

Picasso : Vous (1. être) comme moi...Moi aussi, je me (2.dire) souvent : « Ce ne (3.être) pas encore ça. Tu (4. pouvoir) faire mieux... » Ce (5. être) rare de ne pas reprendre une chose....x fois la même chose...Parfois ça (6. devenir) une véritable obsession.

(Brassaï, Conversations avec Picasso, 1964)

Exercice 3 : Entoure les verbes du 1er, du 2ème et du 3ème groupe

1. Je paie-tu paies-il/Elle paie-nous payons-vous payez-ils /Elles payent

2. Je sers-Tu sers-Il/Elle sert-Nous servons-Vous servez-Ils/Elles servent

3. Je crois-Tu crois-Il croit-Nous croyons-Vous croyez-Ils/Elles croient.

Exercice 4: Relie chaque pronom sujet ou chaque substantif à la conjugaison du verbe qui convient

1. Un embouteillage — a. sonne
2. Le téléphone — b. dîne chez lui
3. Le dîner — c. voyage lundi
4. Je — d. bouche l´avenue
5. Luc — e. achète une ficelle
6. Joséphine — f. emmène son chien avec elle

Exercice 5 : Lisez ce paragraphe puis conjuguez les verbes au présent de l´indicatif

Le mystère du lapin-garou

Wallace et Gromit (**1.**se préparer) pour la fête au village. Cette semaine, le concours du plus beau légume (**2.** avoir lieu), toutefois les lapins (**3.**dévorer) au jour le jour, tous les légumes qui poussent. Wallace et Gromit (**4.** décider) de veiller au grain du lundi au vendredi et ils (**5.** mettre) au point un astucieux piège à lapins.

Ainsi, Wallace et son chien Gromit (**6.**veiller) à la sécurité du jardin, mais une malheureuse manipulation scientifique a fait apparaître un monstre ce qui a semé la terreur : l´effrayant lapin-garou.

Exercice 6 : **Le Projet Communicatif**

L´artiste Angélique Poirier, a peint ce tableau d´art naif des instants de la vie de tous les jours , ici une maison, une lune qui sert de lit à une jeune fille, une ferme avec des vaches. **Conversez** avec votre camarade de classe sur les couleurs, les éléments du tableau, ce que représente la lune et l´enfant qui dort dans le tableau et mentionnez d´autres artistes de l´art naif.(10)

Angélique Poirier, Le rêve de Coline,

8

OBJECTIF: L´imparfait des verbes du 1er, 2ème groupe et du 3 ème groupe

DOSSIER: Habitudes et description au passé

EXERCICE 1 : Coloriez en rose les verbes conjugués à l´imparfait dans les conseils tenus par un retraité à un nouvel employé.

Les employés appréciés étaient toujours ceux qui étaient ponctuels et qui avaient conscience du temps. Notre gérente valorisait l´individualisme et l´esprit d´indépendance et d´initiative des employés. La performance individuelle était une des priorités pour les bonus et promotions.

DÉFINITIONS:

À Retenir

L´imparfait est un temps du passé. Il est utilisé pour la description et les actions habituelles dans le passé.

La formation de l´imparfait est régulière . Il est toujours formé sur la première personne du pluriel:"nous". On enlève la terminaion du présent au radical du verbe et on ajoute les terminaisons de l´imparfait.

Exemple: Nous regardons

Je regardais

Tu regardais

Il /Elle regardait

Nous regardions

Vous regardiez

Ils/Elles regardaient

Verbes irréguliers

Je voyais-Je balançais-je mangeais-nous voyions-nous jetions-nous allions-nous savions-nous avions-nous étions

ENTRAINEZ-VOUS !

Exercice 1 : Conjuguez les verbes suivants à l´imparfait.

Être	1.
Avoir	2.
Servir	3.
Pouvoir	4.
Placer	5.
Ranger	6.
Boire	7.

Exercice 2 : l´imparfait descriptif

« Elle (avoir) des fous rires et ses crises de larmes (ne appeler) qu´une consolation. Ce (être) fou, simplement d´´être en vie à ce point et d´avoir si peu envie de mourir.

Laurine au soleil (prendre) en marchant des allures de vaurien et (se trouver) sous la pluie un petit air de soldat triste.

Elle (porter) sa maigreur comme un couteau sous la chemise, elle (ne avoir) jamais faim. Ses cernes l´(enchanter) tout autant lorsqu´au réveil n´importe où, elle (s´étonner) de s´être endormie là(...) »

(Aventin, Christine. Le Désir Demeuré)

Exercice 3 : **L´imparfait des habitudes**

Sandrine, installée rue Vaneau, dans un joli petit appartement, au 1er étage (partir) à 9 heures du matin et ne (revenir) que vers 8heures du soir.

Le week-end, elle (voyager) à la plage de Honfleur par train. Ça lui (prendre) trois heures par train. Elle y (passer) deux jours et (rentrer) dimanche soir.

Exercice 4 : Transforme les phrases suivantes à l´imparfait

1. Elle (bénéficier) d´une certaine aisance.
2. Le peintre (visiter) l´atelier tous les jours.
3. Elle a remarqué que les sculptures (exister) par le nu seulement.
4. Par le travail, les difficultés matérielles (devoir) être vaincues.
5. Je lui ai dit que les larmes ne (payer) pas une assiettée de soupe.

Exercice 5 : Le Projet Communicatif

Décrivez un dîner auquel vous avez participé. Qui était là ? Quelle heure êtes-vous rentré ? Qu´avez-vous mangé ? Qu´avez-vous vêtu ? De qui avez-vous parlé ? Comment était la nourriture ? la maison ?

Utilisez le passé composé pour les actions et faits terminés et passés et l´imparfait pour la description au passé ou les actions répétitives ou habituelles au passé. (9 lignes)

Exercice 6 : **Le jeu du cercle de solidarité**

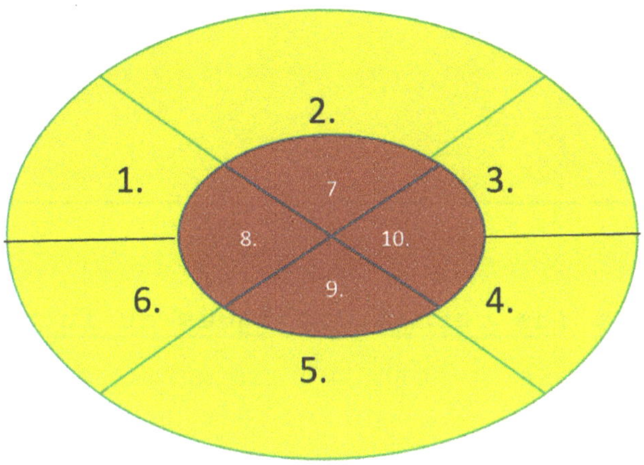

Jetez le dé. Dites si le verbe se conjugue au passé composé ou à l´imparfait et justifiez.

1. Jules (arroser) la pelouse, mardi.
2. Après les insultes, nous (décider) d´étouffer l´air.
3. L´incendie (éclater) le soir.
4. Bernard (visiter) le Louvre, mardi.
5. Alphonse (préfère) la musique Rock.
6. George (se marier) à l´église.
7. La réunion des syndicaux (se passer) mal, toutes les fois.
8. Je (S´assoir) auprès de Mme Morange.
9. Léa (choisir) de fêter son vingt-unième anniversaire à Londres.
10. Il me (dire) que ça lui (être) égal s´il ne trouve personne à son retour.

Exercice 7 : Voici quelques sites touristiques que votre ami(e) a déjà visité(s). Elle vous racontera en 9 lignes où elle /Il s´est rendu(e) et ce qu´elle a fait. Utilisant à la fois des verbes descriptifs à l´imparfait et des verbes d´actions finies au passé composé.

En voiture-visiter-se bronzer-déjeuner-voyager-à la veille du départ-préparer le bagage à main-se situer-portuaire-transport en commun-le climat-fruits de mer-un parc-espace vert-gratuit-la randonnée-louer des vélos-Le Havre-Faire-

9

OBJECTIF: Le futur simple de "être", "avoir" et d´autres verbes

DOSSIER: Plans d´achats

EXERCICE 1 : Coloriez en gris les verbes conjugués au futur simple:

Je (dépenser) moins ce Noël. Le nombre des cadeaux sous le sapin de Noël (ne devoir pas) dépasser le strict minimum. Je (offrir) un ballon de basket pour mon neveu, une écharpe pour ma mère et un portefeuille pour Paul. Je (demander) à Samuel de m´acher une montre et un carillon pour mon père.

Le Futur

Le futur simple est un temps de l´indicatif. On l´utilise pour parler de:

- Nos plans futurs
- Faire des promesses
- Faire des prédictions

Exemples:
Je voyagerai en fin de semaine.(plan)
Il pleuvra toute cette semaine. (prédiction)
Je l´achèterai et je te l´offrirai. (promesse)

La formation du futur simple:
Il est formé sur l´infinitif du verbe et l´ajout de la conjugaison du verbe "avoir" au présent.

Exemple:
Regarder+ avoir au présent
Je regarderai-tu regarderas-ilelle regardera-nous regarderons-vous regarderez-ils/elles regarderont.

Les verbes irréguliers ont des bases irrégulières:
aller- Tu iras
être- Je serai
devoir-tu devras
avoir-Tu auras
savoir-Tu sauras

ENTRAÎNEZ-VOUS !

Exercice 2 : Entoure en rouge les verbes qui sont conjugués au futur simple et fais des phrases.

Tu feras-On marche-Ça provient de-Il fait froid-Je verrai-

Ils auront-Ils lisent

Exercice 3 : Complète les phrases avec « être » ou « avoir » au futur simple.

1. Il (être) grand bavardeur et mauvais plaisanteur.
2. Nous (avoir) fait assez pour les conquérir.
3. La maman (avoir) tout préparé pour le déjeuner.
4. Nos voisins (avoir) plein de formalités à remplir à l´ambassade.
5. Ils (être) de plus en plus nombreux à apprendre le français.
6. Il y (avoir)plus de personnes qui prennent quotidiennement un moyen de transport en commun pour aller au travail.

Exercice 4 : Tondre la pelouse, ça change la vie !

La tondeuse à gason éléctrique **1.**(être) disponible au Lidl Vendredi. Ce **2.**(être) destinée à de petites surfaces de travail. Le produit **3.**(avoir) une garantie de 3 ans. La tondeuse **4.**(avoir) un système de tente rotatif qui **5.**(couper) l´herbe et un bac de 45 litres pour l´arrachement. Les marques réputées comme Bosh, Black & Decker

6.(proposer) des machines fiables et abordables en terme de prix. Très performante sur tout type de terrain, elle **7.**(ne pas fatiguer) les bras grâce à son ergonomie parfaite. Elle **8.** ne (être) pas trop bruyante ni trop lourde. Elle **9.**(faire) le boulot qu´on lui 10.(demander) ; même avec des herbes hautes et des feuilles mortes sur son chemin.

3	**Difficulté**
2	**Temps verbaux: simples et composés 1**
X	**Thème et bilio jeunesse**

Exercice 5 : le triangle des répartitions des rôles. Qui fera quoi quand l´enfant sera né ? Utilisez le futur simple.

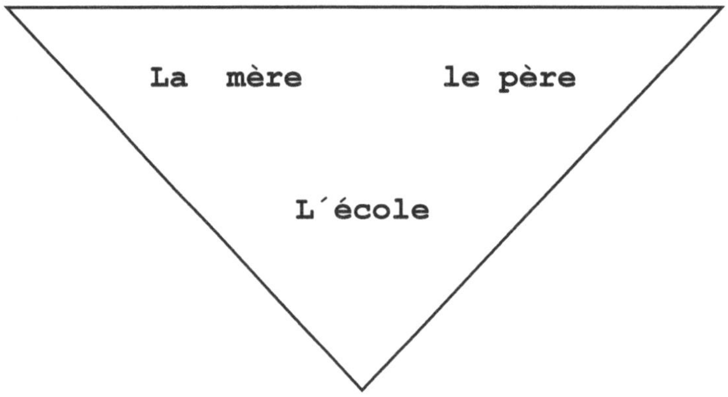

- Gronder l´enfant
- Jouer avec lui
- Lire des histoires
- Donner un bain
- Mettre au lit
- Enseigner la politesse
- Stimuler à parler

Exrecice 6 : le Projet Communicatif

La maison que vous aurez au futur avec vos goûts adaptés. Comment sera t-elle sur le plan technologique, le plan de la taille des pièces, la qualité de la lumière, le plan acoustique , esthétique et thermique. Utilisez le futur simple pour parler de votre maison du futur.

Le ventilateur de plafond intelligent- contrôle par smart-phone-cafetière intelligente-éclairage-porte d´entrée-robinet intelligent-serrure-

10

OBJECTIF: La concordance des temps verbaux

DOSSIER: Raconter au passé

Qu´est-ce que la concordance des temps verbaux ? vefrverbaux?

On parle de concordance verbale **lors de faire un récit** oral ou écrit, bref une histoire au présent, au passé ou au futur. Les événements du récit apparaissent dans l´ordre selon lequel ils se sont réellement déroulés.

Les temps du récit au présent sont **des temps simples** comme: **Le présent**, le futur proche, **le futur simple**, **le présent progressif**, ***l´imparfait***, **le conditionnel présent**, **l´impératif**, **le subjonctif présent**, **l´infinitif présent**, **le participe présent**.

On parle aussi de concordance des temps verbaux lors de l´usage des propositions principales et des propositions subordinatives.

Les temps du récit au passé sont **des temps composés** comme : **le passé composé**, **le plus-que-parfait**, **le passé antérieur**, **le conditionnel passé**, **le subjonctif passé**, **l´infinitif passé**, **le futur antérieur**, **l´impératif passé**, **le participe passé simple et le participe passé composé**.

Exemple d´un récit au présent avec d´autres temps de l´indicatif :

« (...)Nous **voulons l´adopter**, mais il **reviendra** vous voir. S´il **tourne** bien, comme tout **porte** à le croire, il **sera** notre héritier. »

(Guy de Maupassant, Les contes de la Bécasse, p.113)

Les verbes sont au futur simple, à l´infinitif et au présent, **tous des temps de l´indicatif** réalisables et possibles par rapport au moment présent.

Exemple d´un récit au présent de l´indicatif :

« L´homme les fait entrer chez lui. Ses deux filles et ses deux fils leur apportent des oranges, des citrons, des ananas, des pistaches, du café et des boissons de leur fabrication. Puis les deux filles parfument les barbes de Candide, Pangloss et Martin.

-Vous devez avoir une grande et magnifique terre, dit Candide.

-Elle est toute petite, dit le turc. Je la cultive avec mes enfants. Ce travail nous protège des trois grands maux : l´ennui, le vice et le besoin. »

(Voltaire, Candide, p.63)

Tous les verbes de ce paragraphe sont au présent de l´indicatif exprimant des vérités spécifiques réelles.

<u>Exemple d´un récit au passé</u> :

« Il contemplait avec des élancements d´amour les poulains dans les herbages, les oiseaux dans leurs nids, les insectes sur les leurs ; tous, à son approche, couraient plus loin, se cachaient effarés, s´envolaient bien vite »

Flaubert, Gustave. <u>Trois Contes : Saint-Julien l´hopitalier</u>, Flammarion : Paris, 1986, p.103

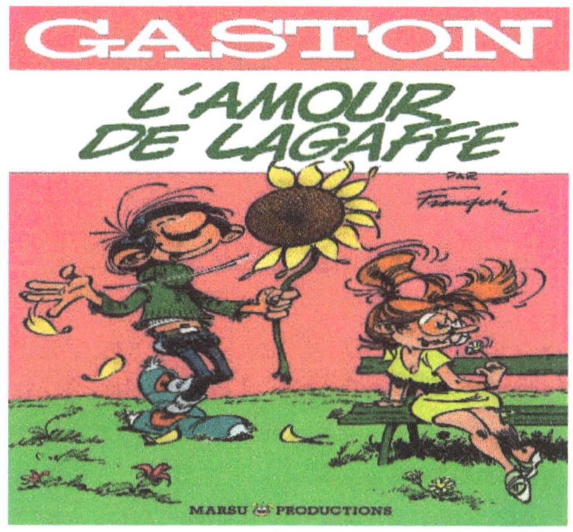

EXERCICE 1: **Commencez les récits suivants par: Demain**

Exemple d´un récit au futur:

"L´homme n´existera plus, ou si peu, dans la société à venir dans dix ou vingt ans. Les rares individualistes seront broyés par les projecteurs laser ou par d´archaiques mitrailleuses, pour avoir tenté de s´opposer au règne de la machine et à la suprématie d´une classe de technocrates."

Béra, Paul. Anticipation, livre de poche, fleuvre noir.1980

Ici dans cet exemple, nous avons le futur simple, le futur antérieur et l´infinitif passé. Une fois que l´on commence à raconter au futur, il faudra continuer au futur avec la possibilité d´utiliser les autres temps du futur comme : le future proche, le futur antérier, le conditionnel à parler du futur probable ou d´un désir fictif, irréel rendu par le conditionnel.

Les phrases subordinatives:

Il y a un autre cas dans lequel on parle **de concordance des temps, c´est lors de l´usage de phrases complexes avec des principales et des subordinatives introduites par la conjonction de subordination " que" ou par des phrases conjonctives introduisant le sens du doute, de la peur, de la possibilité, de la nécessité, de la certitude, de l´incertitude, de l´oligation, de l´interdiction, de sentiments comme la satisfaction, le bonheur, du désir, de la volonté, des souhaits, des suggestions ou d´opinion.**

Si le temps de la principale est au présent, le temps de la subordonnée est à l´indicatif ou au subjonctif selon que l´on envisage le fait comme possible ou sûr.

Exemples: Je crois qu´il vient. (sa venue est perçue comme sûre)

Croyez-vous que ce soit vrai ? (la vérité n´est pas certaine, c´est une des possibilités)

J´attends qu´il part. (son départ est sûr)

J´attends qu´il parte (son départ n´est pas sûr, il est possible)

Si le temps de la principale est dans un temps du passé, la subordonnée est au subjonctif présent, passé, à l´indicatif ou au conditionnel présent.

Exemple : Nous **avons voulu** que tu **sois venu.**

Nous **avons défendu** que vous **fassiez** telle chose. (la possibilité de faire telle chose ou autre)

(Indicatif si certitude, le subjonctif si possibilité-doute, incertitude, le conditionnel si eventualité)

ENTRAÎNEZ-VOUS !

EXERCICE 1: Commencez les récits suivants par: Demain

1.

Sa beauté modeste a la splendeur et la fraîcheur des jeunes adultes ainsi que leur bien-être.

L´employeur a pris des mesures nécessaires pour prévenir le harcèlement sexuel au travail.

2.

« Elle gouverna sa maison avec une économie si adroite qu´ils semblaient vivre dans le luxe. »[1]

(La Parure, p.2)

L´autosuffisance des patients est encouragée pour accélérer leur processus thérapeutique.

Maupassant, Guy. La Parure, Ed. Les Classiques, 2015

3.

La pollution marine provient de la mauvaise gestion des déchêts humains et le rejet excessif des produits toxiques d´origine industruelle dans l´océan. Elle diminue avec la création de barges plastiques géantes et la réduction de la consommation du plastique au quotidien et des émissions de gas carboniques dans l´environnement.

EXERCICE 2: Commencez les récits suivants par: tous les jours du mois dernier. À l´imparfait

1.

« Le brocanteur qui loge sous l´allée étale par terre ses férailles. Puis la ville se remplit de bourdonnement de voix où se mêlent des hennissements de chevaux, des bêlements d´agneaux (...) »[1]

(La Parure, p. 10)

2.

« Virginie se sent moins faible résultat du change-ment d´air et de l´action des bains.. »[2]

(La Parure, p.18)

Guy de Maupassant, La Parure. Ed. Les Classiques, 2015

3.

« Le curé discourt, les enfants récitent, elle finit par s´endormir et se réveille tout à coup, claquer leur sabots sur les dalles. »[3]

(La Parure, p. 23)

4.

« Elle les prend en chemise à défaut de costume et sa bonne la rhabille dans une cabanne de douanier qui sert aux baigneurs. »[4]

(La Parure, p.18)

Guy de Maupassant, La Parure. Ed. Les Classiques, 2015

5.

« Virginie donne à manger aux lapins, se précipite pour cueillir les bleuets »[5]

(La Parure, p.20)

EXERCICE 3: Réecrivez les récits suivants avec la proposition principale de sentiment suivie de « que »: "je doute que" et faites les transformations des temps verbaux. Le subjonctif présent.

1. **Je doute que.**

Victor s´engage sérieusement. Il part, peut-être, pour deux ans.

Guy de Maupassant, La Parure. Paris: Ed. Les Classiques Larousse, 2015

2.

La Havane est un pays où l´on ne fait pas autre chose que de fumer et circuler dans un nuage de tabac.

3.

Elle remarque que la figure est jaune, les lèvres bleuies, le nez pincé et les yeux se sont enfoncés.

4.

Elle va voir sa soeur à Reims et le bonhomme Marcel sera là aussi.

5.

Elle soigne les blessés et protège les soldats, et même il y a eu un qui a voulu l´épouser.

EXERCICE 4: Réecrivez les phrases en tenant compte des sentiments qu´elles veulent exprimer. Faites la concordance des temps après la proposition principale

1. **Une expression de joie**: L´indicatif: le présent, le futur simple

Ex. François est heureux que vous **appuyez** ma démarche.

Paul commence à rire de toutes ses forces dès qu´il les voit.

2. **Utilisez une expression de crainte**: Le subjonctif

Tu crains qu´il **ne vienne pas**.

M. Bourais s´est dissimulé sous son chapeau pour ne pas être vu du perroquet.

3. **Utilisez une expression de volonté**: le subjonctif

J´ai voulu qu´il **vienne tôt**

Il enseigne des jurons au perroquet pour lequel il avait du penchant.

D´autres verbes de volonté : demander, ordonner, souhaiter, exiger, vouloir, dire, ect.

4. **Utilisez une expression de peur**: Le subjonctif

Nous avons peur qu´il **ne soit** trop tard

La gymnastique lui cause des étourdissements.

D´autres verbes de sentiments : regretter, s´étonner, se réjouir, être heureux

5. **<u>Utilisez une expression de promesse</u>:** l´indicatif : futur ou conditionnel

Vous promettez que **j´aurai cette place**

La semaine prochaine, Éric annoncera le départ d´une caisse avec le perroquet dedans.

<u>D´autres verbes</u> : s´attendre à

11

OBJECTIF: Les suffixes et la dérivation

DOSSIER: Le monde de la ferme

Les définitions

Les suffixes sont des phonèmes qui sont attachés à la fin des substantifs, des verbes, des adjectifs ou des adverbes pour former et dériver de **nouveaux mots**. Certains suffixes ont le sens de **diminutifs** et donc **péjoratifs**, d´autres ont un sens **intensif.** Le suffixe s´attache à un radical obéissant aux principe de la dérivation de mots :

-On fait la dérivation d´adverbe à partir de la forme du féminin d´un adjectif : rapide-rapide**ment**

-On fait la dérivation de substantifs à partir de verbes : lav**er**-lav**age**-conf**ier**-confi**ance**-trouv**er**-trouv**aille**

-On fait la dérivation d´adjectif sur la base de substantifs : intelli**gence**-intellig**ent**

Liste de suffixes :

Voilà une liste non-exhaustive de certains suffixes de la langue française pour dériver de nouveaux mots mais pour aussi commencer à le faire soi-même consciemment et faciliter la connaissance de la classe grammaticale des mots sans avoir recours au dictionnaire.

Suffixes attachés aux substantifs :

-age, ail ou aille, ain ou aine, ais ou aise, -aison, -al,

-ale, -aux ou -ales, -ard ou -arde, -eur ou -euse

Suffixes attachés aux verbes (qui fait l´action, en état de) :

-fier, -iser, -onner, -ouiller, -er,

Ex. Parole-parler, fouillage-fouiller, Confiance-confier, sacrifice-sacrifier, infantillage-infantiliser

Suffixes attachés aux adjectifs (qui a le caractère de) :

-able, -esque, -eté, -etée, -ible, -é ou -**ée**,

Ex. Capacité-capable, rejeté, hébété, renyable, possible

Les suffixes qui forment des substantifs ou adjectifs diminutifs sont les suivants:

-et -ette -on, rée

-eau -ot -ule -ille -elle

Ex. Camion-camionette, **blondinet**, **buvette**, **pincette**, **fillette**, **cuillerée**

Les suffixes qui forment des substantifs avec un sens d´intensité sont les suivants:

Intensif: -Issime

Durissime-richissime, rarissime,

De sens péjoratif:-ard, -âtre, -aud,-ote,-asse, -iole, -rot

papier-paper**asse** (papier inutile), bête-bestiole (petite bête), cri-cri**ard** (crie désagréablement), marâtre (belle-mère méchante), lourd**aud** (personne lente et maladroite)

Les suffixes qui sont attachés aux adjectifs au féminin pour former des adverbes

-ment

Rapide-Rapidement, intéressante-intéressement

*Les adjectifs en (-ent, -ant)

ENTRAÎNEZ-VOUS !

EXERCICE 1 : Coloriez en jaune les mots avec des suffixes

Emmanuelle préfère plus le calme de l´Auvergne verdoyante que les villes métropolitaines. L´ambiance rurale change du train-train de la vie quotidienne. Vous pouvez également consommer des produits directement du producteur. Les enfants pourraient, sous la suveillance d´un accompagnateur professionnel, participer aux travaux de la ferme, s´essayer à la pêche au lac ou faire du sport. Entre deux galopades, vous pourrez vous reposer tandis que les enfants prendront leurs premières leçons sur un poney de la ferme.

EXERCICE 2: le Jeu des suffixes éparpillés

Faites des mots nouveaux en attachant les suffixes qui conviennent aux substantifs donnés. Vous pouvez utiliser le dictionnaire dans un premier temps:

-age, **-able**, **-ise**, **-ain**, **aire**, **-air**, **ier**, **ière**, **ée**,

1.La poire	1.
2.La grille	2.
3.La charité	3.
4.L´esclave	4.
5.Le vernis	5.
6.La bête	6.
7.Le monde	7.
8.La fonction	8.
9.la banque	9.
10.Le domicile	10.
11.La cuillère	11.

EXERCICE 3: Donne le diminutif de chacun des noms suivants. Faites des phrases.

Un Jardin

Une Pince

Une Fille

Je Buvais

Je Suce

Je siffle

La coupe

Un ruisseau

EXERCICE 4: **Donne l´intensif de chacun des adjectifs et des noms suivants. Faites des phrases.**

riche
vieux
Un gars
La frousse
Un politique
Soûl
Trainer
Se vanter
Nasal

EXERCICE 5: **Le tapis collant des suffixes**

Colle autant de suffixes qu´il y a de mots. Donne la définition des mots. Inventez une situation du quotidien pour chaque mot.

-aison
-ade
-sson
-et
-ette
-asse
-asser
-elet

La pomme | Une blonde

Une coquille | Rêver

Un sac | un os

Une saucisse

Une colonne

Un livre

EXERCICE 6: **Le jeu de dérivation de mots nouveaux en ajoutant des suffixes**

Identifie les suffixes utilisés dans les 5 phrases suivantes. Notes-les au tableau:

1. Toutes les vieilleries dont ne voulait pas Mme Lagarde, elle les gardait dans sa chambre.
2. La raideur de la pente se voyait de loin.
3. La rougeur de son visage contrastait avec la blancheur de sa peau.
4. Sa minceur démentit sa gourmandise.
5. Les centres commerciaux surabondés, mettait à fleur de peau les vieillards.

Adjectif	Substantif	Le suffixe
Vieille	Les vieillards	-ards

EXERCICE 7: le coloriage des mots à suffixes contenus dans le texte (9 mots)

"M. Lepic et soeur Ernestine accoudés sous la lampe, lisent, l´un le journal, l´autre son livre de prix ; madame Lepic tricote, grand frère Félix grille ses jambes au feu et Poil de Carotte par terre se rappelle des choses.

Tout à coup Pyrame, qui dort sous le paillasson, pousse un grognement sourd.

-Chtt ! fait M. Lepic.

Pyrame grogne plus fort.

-Imbécile ! dit madame Lepic.

Mais Pyrane aboie avec une telle brusquerie que chacun sursaute. M. Lepic regarde le chien de travers, les dents serrées(...) »

(Poil de carrotte, p.13)

Projet de communication :

Parler avec votre ami (e) de la ferme où il réside, des différents animaux qu´il a et des soins journaliers qu´il doit pourvoir aux animaux de la ferme. Employer des mots issus de la dérivation par suffixes(12 lignes)

Lexique Utile

Nourrir les animaux-changer les litières-soigner-produits de la ferme: fromage-beurre-lait-oeufs-vaches-cochons-abreuvage-chèvres-lapins-bienfaits des relations homme/animal- le foin-

---

Renard, Jules. Poil de Carotte. Ed.La Poche : Paris, 1999

12

OBJECTIF: Les adverbes d´intensité

DOSSIER: Description morale

Les adverbes d´intensité

Les adverbes sont une classe de mots que l´on utilise en grammaire pour modifier le verbe. Elles sont placées après le verbe. Nous distinguons 7 espèces d´adverbes: les adverbes de manière, les adverbes de lieu, les adverbes de temps, les adverbes d´intensité, les adverbes de négation, les adverbes d´affirmation et les adverbes de doute.

Nous allons nous concentrer uniquement sur les adverbes d´intensité dans cette leçon. En voilà une liste qui se veut complète:

Aussi	**trop**	**excessivement**		**bien**
Autant	**tellement**	**quasiment**		**davantage**
Beaucoup	**fort**	**si**	**Tout**	**peu**
Très	**assez**	**tant**	**fort**	**plus**

EXERCICE 1: le jeu de l´itinéraire orthographique des adverbes d´intensité. Découvrez l´adverbe ensuite formez vos propres phrases.

1. Elle modère.........son allure qu´elle se sent des fourmis dans les pieds.

Le mot de départ veut dire: à un degré si élevé et commence par la syllabe: Te

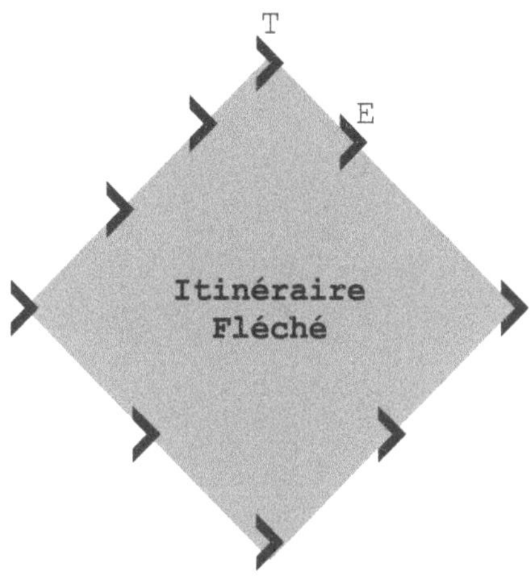

Mot d´arrivée en 9 lettres

2. Tu es encore [ ] petite pour rouler un vieux de la veille.

Le mot de départ signifie plus qu´il n´en faut et finit par la lettre P

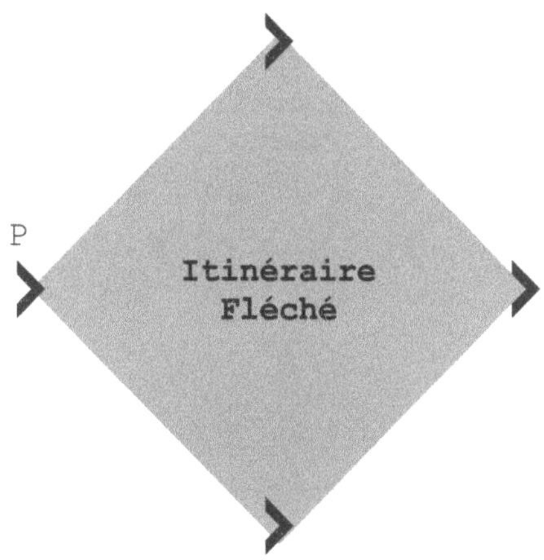

Mot d´arrivée en 4 lettres

3. Pierre et son frère Félix se roulent par terre, ils rient.

Le mot de départ signifie à un haut degré et a la lettre N au milieu

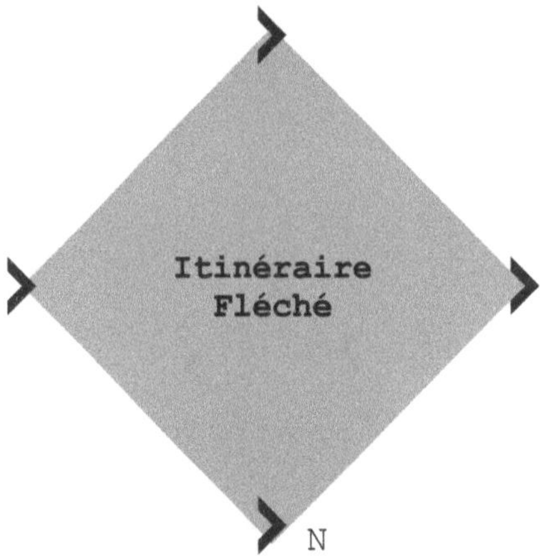

Mot d´arrivée en 4 lettres

4. Nourrir cent personnes et une bête.
Le mot de départ signifie à peu près et se termine avec T.

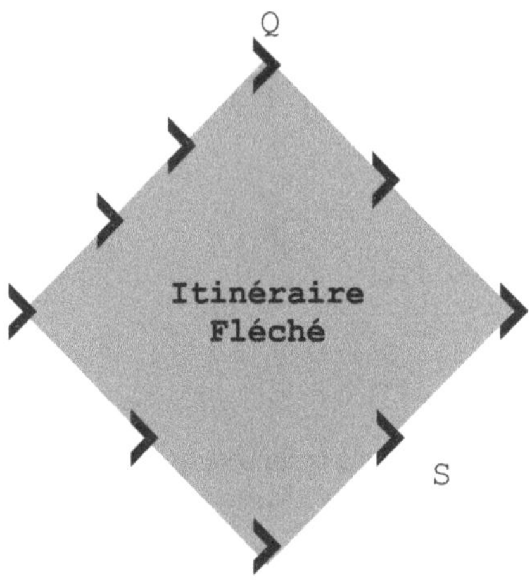

Mot d´arrivée en 9 lettres:

5. J´aime ____ jouer de la trompette qu´au pistolet.

Le mot de départ signifie plus et se termine par X en 5 lettres.

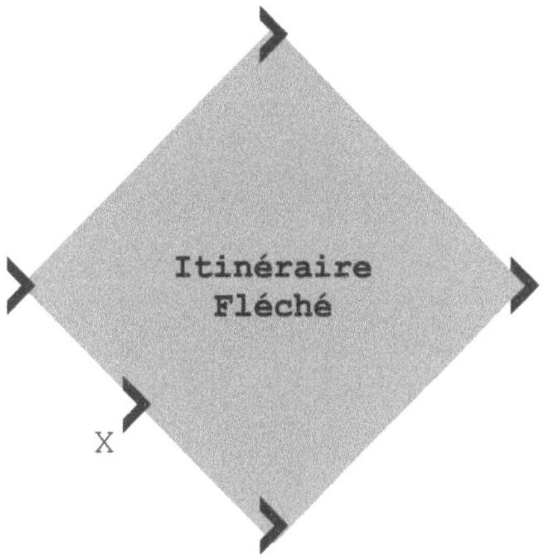

Mot d´arrivée en 5 lettres:

6. Tu as ____ changé.

Le mot de départ signifie de manière satisfaisante et se termine avec N

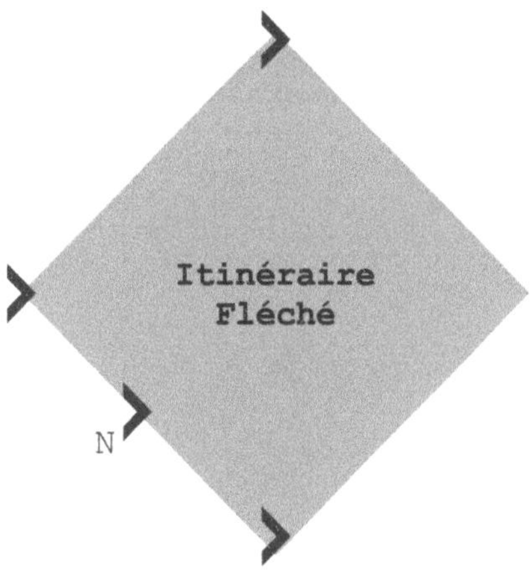

Mot d´arrivée en 4 lettres

7. Stephen est [   ] prudent que téméraire.

Le mot de départ signifie plus et commence par: D

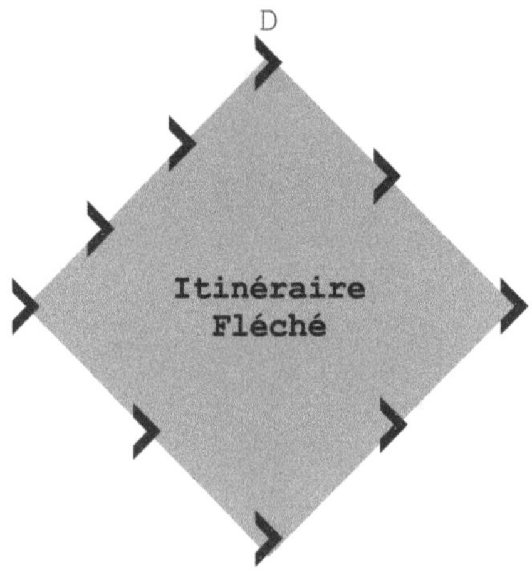

Mot d´arrivée en 9 lettres

8. Marceline marche posément

Le mot de départ signifie suffisament et termine avec la lettre

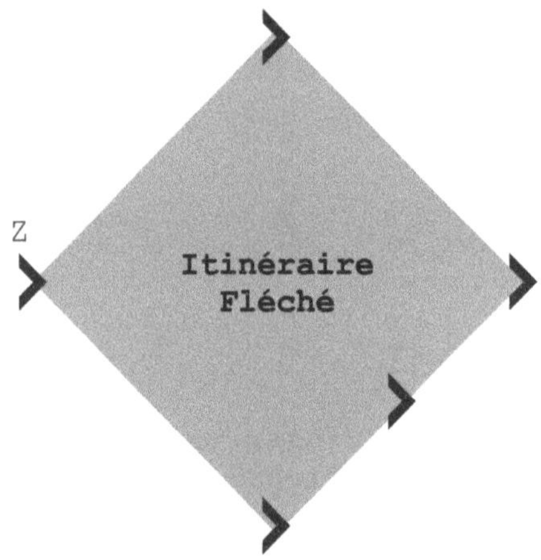

Mot d´arrivée en 5 lettres

9. Mme Grimaud qui, seule de la famille, l´aime [ ]

Le mot de départ signifie un grand nombre de et se termine avec P

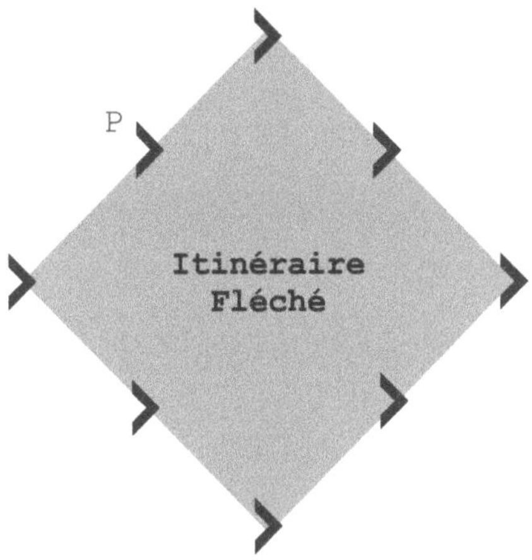

Mot d´arrivée en 8 lettres

10. Je dirai des sottises [ ] que toi, si je m´y mets.

Le mot de départ signifie en même quantité et finit par T.

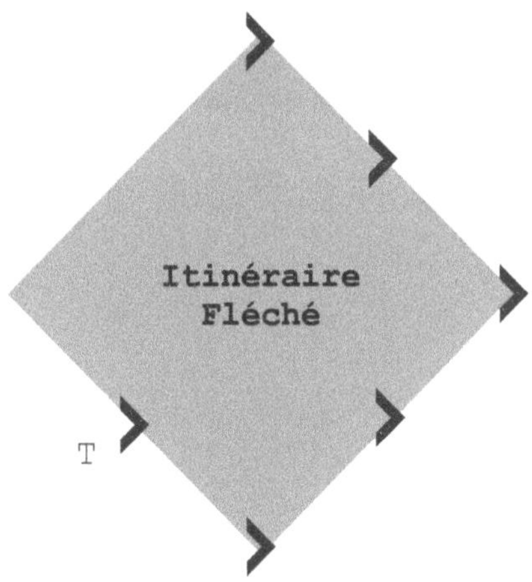

Mot d´arrivée en 6 lettres

1. 2. 3. 4. 5. 6. 7. 8. 9. 10.

Exercice 2: Choisissez 10 adverbes d´intensité du tableau donné ci-dessus et formez des phrases

EXERCICE 3: Réecrivez le texte suivant extrait du roman l´île au Trésor de Robert-Louis Stevenson en insérant les adverbes d´intensité énumérés ci-dessous:

Très- tellement-davantage-autant -Beaucoup

"-Je n´ai qu´une chose à vous dire, monsieur, répliqua le docteur, c´est que si vous continuez à boire **(1)** de la sorte, le monde sera vite débarrassé d´un **(2)** ignoble gredin!

La fureur du vieux drôle fut **(3)** terrible. Il se dressa d´un bond, tira un coutelas de marin qu´il ouvrit, et le balançant sur la main ouverte, s´apprêta à clouer au mur le docteur.

Celui-ci ne broncha point. Il continua de lui parler comme précédemment par-dessus l´épaule, et du même ton **(4)** calme que élevé." p.p 18-19

(Stevenson, Robert-Louis, L´île au trésor)

3 **Difficulté**

2 **Temps verbaux: simples et composés 1**

X **Thème et bilio jeunesse**

EXERCICE 4: Trouvez 6 phrases contenant des adverbes d´intensité dans la grille suivante

E	F	F	E	T	T	R	È	S	B	O	N	Y
D	A	V	A	N	T	A	G	E	F	F	C	É
H	I	V	E	R	N	O	N	V	E	S	T	S
T	R	O	P	F	R	O	I	D	W	G	C	B
A	U	T	A	N	T	P	L	A	I	S	I	R
T	E	L	L	E	M	E	N	T	B	I	E	N
B	E	A	U	C	O	U	P	H	S	A	N	G
T	I	R	E	R	A	S	S	E	Z	E	S	L
S	I	I	N	I	M	É	G	H	I	W	G	K
G	A	R	L	L	D	I	S	G	T	U	P	R
I	M	N	U	O	Y	R	W	Q	C	V	B	N
S	E	W	Q	Y	J	P	B	A	N	E	N	O

Stenvenson, Robert-Louis. L´Île au Tésor, *"Le Vieux Loup de mer de L´Amiral Bendow"*. Paris: Ed. Nelson, 1926, p.p 18-1

EXERCICE 5:

Le Projet de Communication:

Relisez la nouvelle à la page 74 et faites la description du caractère de l´épouse de M. Lantin avec votre partenaire. Parlez d´elle. Utilisez des adverbes d´intensité. (9 lignes)

13

OBJECTIF: Les adjectifs de couleurs

DOSSIER:Description physique

Le JEU DU CARRÉ

Les adjectifs de couleurs sont des mots qui désignent des couleurs comme: gris, vert, rouge, noir, blanc, marron, orange, bleu, mauve, violet, rose, jaune.

Ces adjectifs varient en genre et en nombre avec le nom qu´ils modifient:

-Si le nom est féminin, elles sont mises au féminin en ajoutant un "e".

Exemple: Une chemise noire

-Si le nom est masculin, elles sont mises au masculin sans "e".

Exemple: Un pantalon noir.

Si le nom est féminin pluriel, elles sont mises mises au féminin pluriel en ajoutant "es".

Exemple: Des chemises noires

-Si le nom est masculin pluriel, elles sont mises au masculin pluriel en ajoutant "s".

Exemple: Des pantalons noirs.

JEUX

Exercice 1: Faites des phrases en utilisant les mots du cube. N´oubliez pas de faire les transformations nécessaires. Une fois résolu, vous pouvez créer d´autes phrases.

1.

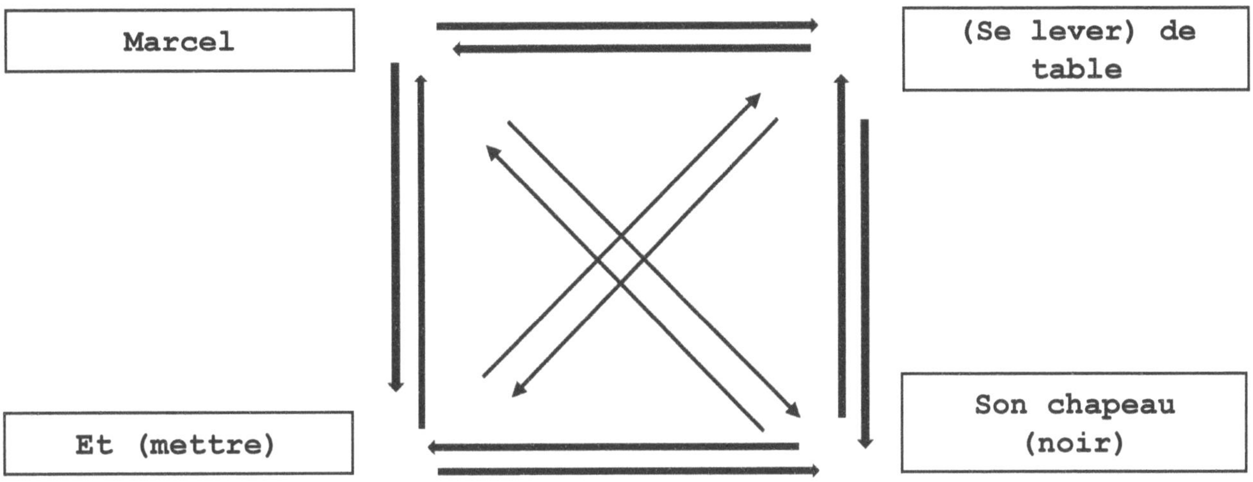

2.

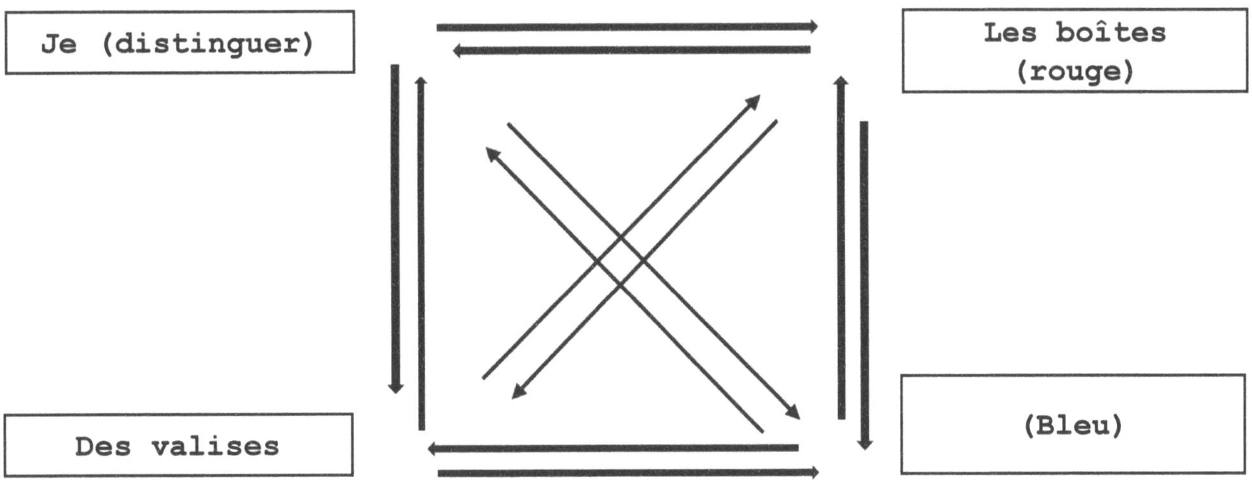

3.

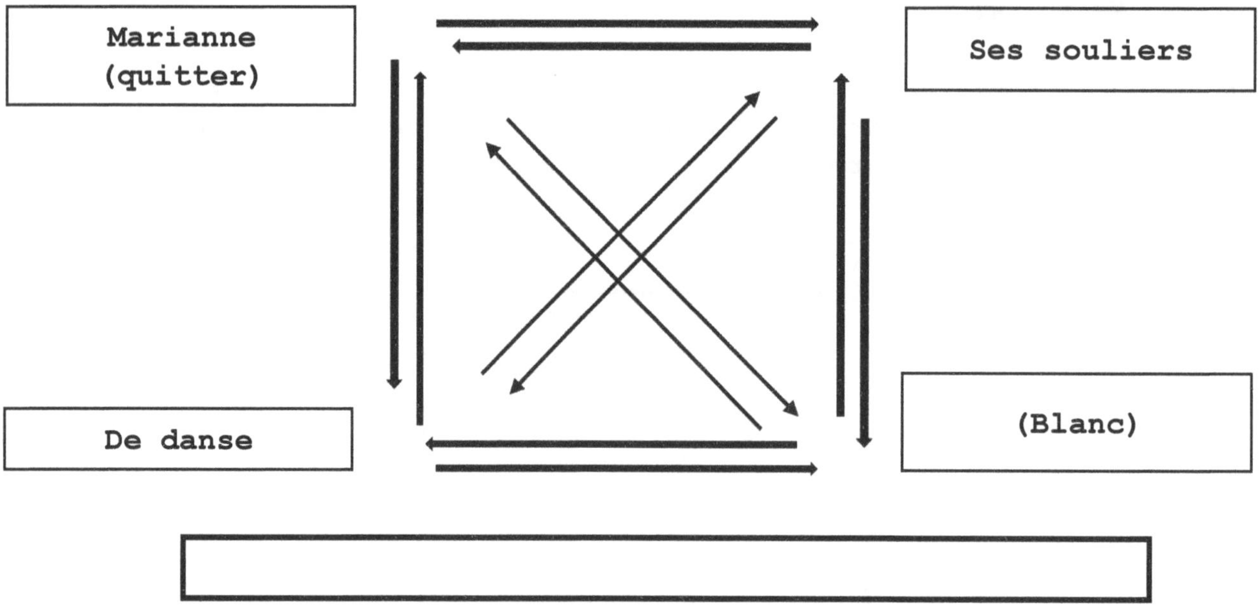
Marianne (quitter)
Ses souliers
De danse
(Blanc)

4.

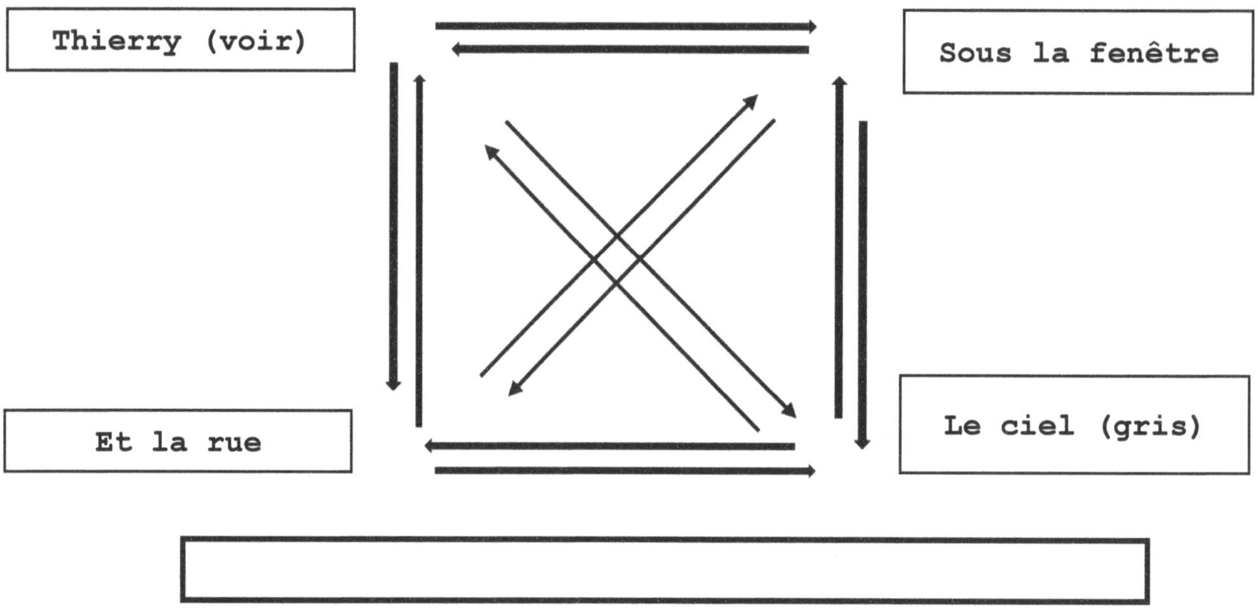
Thierry (voir)
Sous la fenêtre
Et la rue
Le ciel (gris)

5.

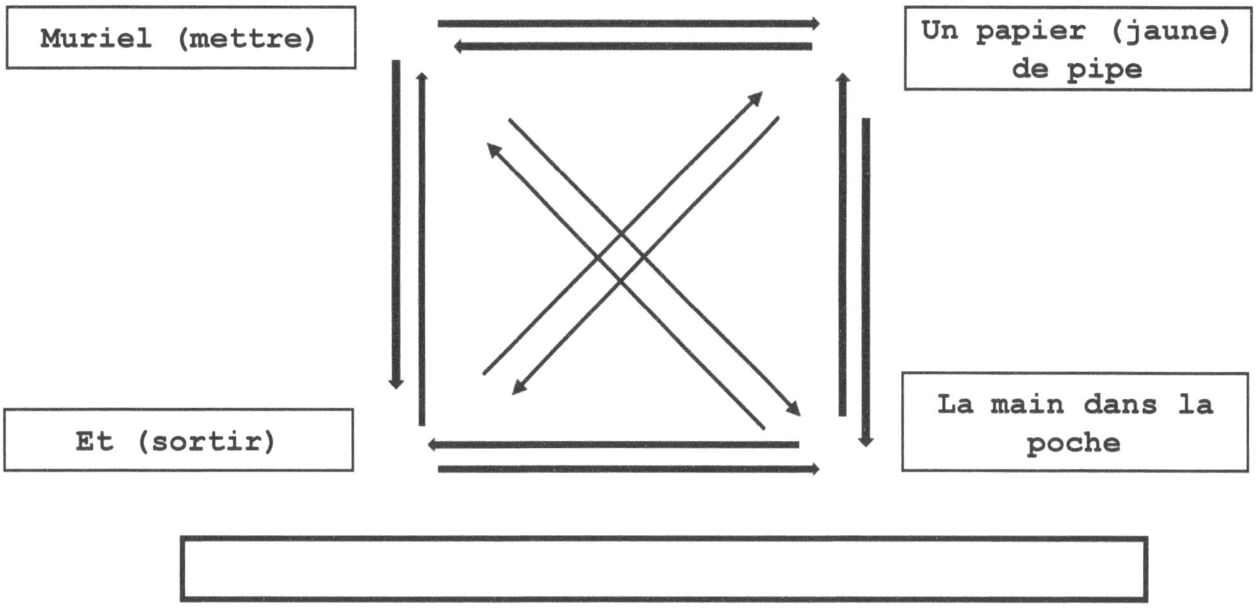
Muriel (mettre)
Un papier (jaune) de pipe
Et (sortir)
La main dans la poche

6.

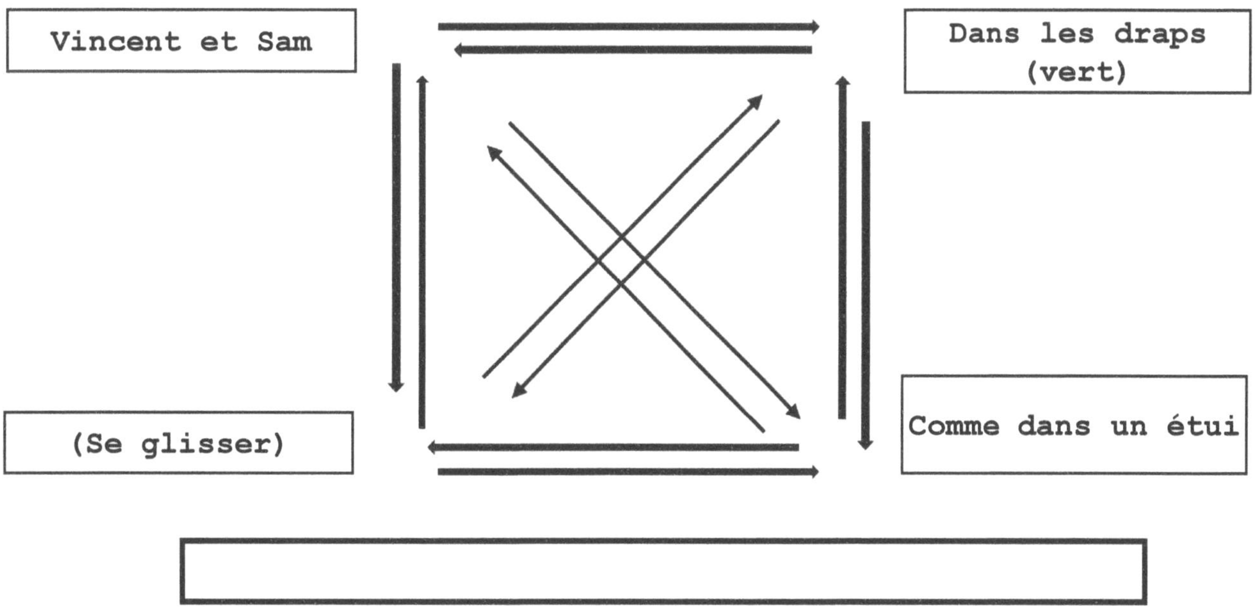
Vincent et Sam
Dans les draps (vert)
(Se glisser)
Comme dans un étui

7.

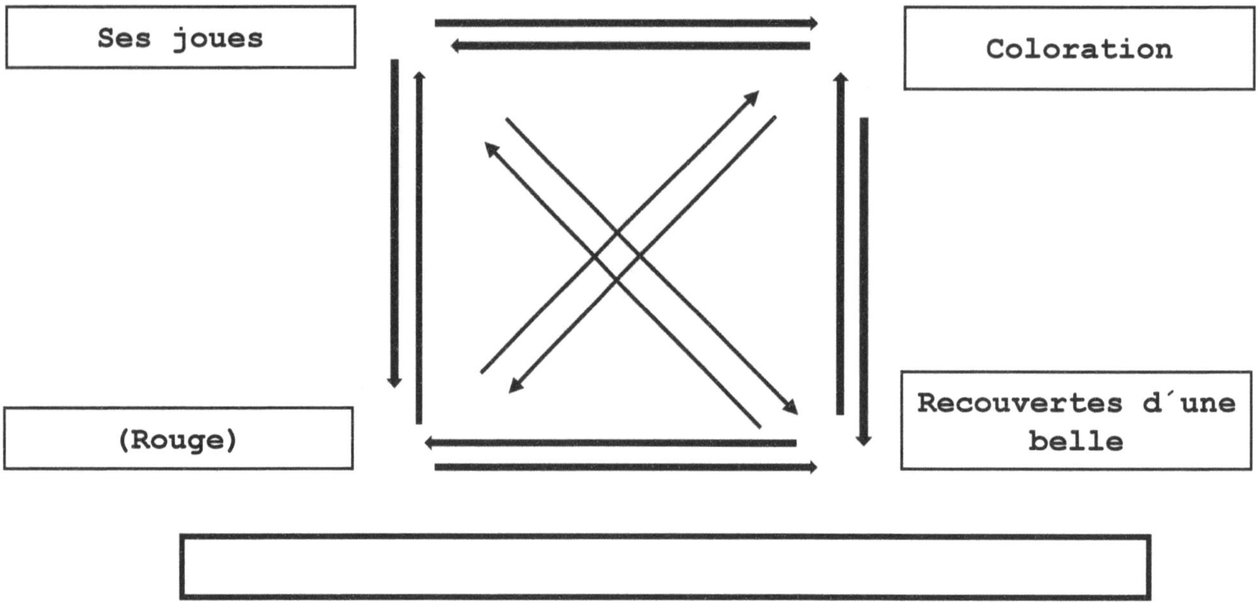
Ses joues
Coloration
(Rouge)
Recouvertes d´une belle

8.

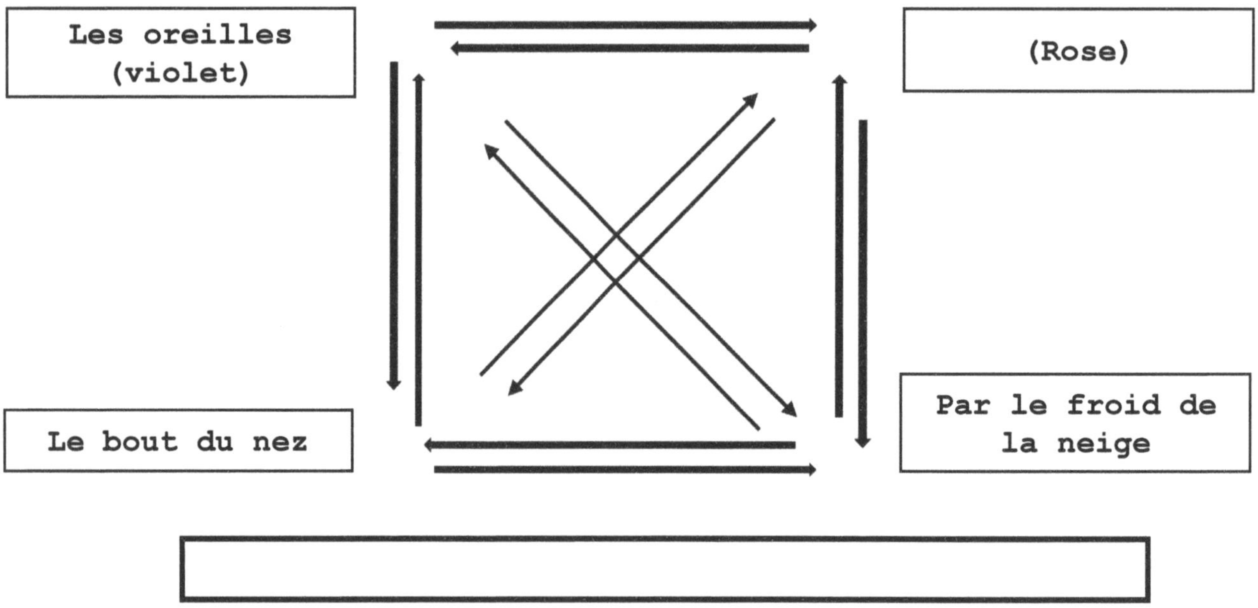
Les oreilles (violet)
(Rose)
Le bout du nez
Par le froid de la neige

9.

Il (se brûler)

Et rouler des larmes

Son (blanc) d´oeil

De tant pleurer

10.

Son cours

Il (préparer)

(Peindre)marron

Dans son cabinet

EXERCICE 2: Donnez la signification des expressions idiomatiques de couleur ci-dessous

1. Son désespoir a été si terrible que ses cheveux devinrent blancs en un mois.

2. La chaîne de supermarché Bonanza est sorti du rouge.

3. Ma famille et moi, nous nous sommes mis au vert pendant tout le mois de mars.

4. Son mari fait grise mine, elle s´inquiète beaucoup pour lui.

5. Il se met dans de telles colères qu´il devient violet de rage.

6. Son enfance n´a rien de rose bonbon, viol et misère sociale.

7. Ils sont encore marron et n´ont rien gagné encore.

8. Il n´a aucun culôt, il a franchi la ligne jaune avec elle.

EXERCICE 3 : Le PROJERT COMMUNICATIF

Vous êtes allé à un défilé de mode de vêtements féminins. Décrivez la couleur des vêtements vêtus par les mannequins. (9 lignes)

Lexique utile : Robes-pantalons-maillots de bains- sac à mains-ligne de vêtements-Hiver-une garde robe-sandales-escarpins-la piste-

14

OBJECTIF: Les Pronoms Démonstratifs

DOSSIER: Choix

Les pronoms démonstratifs se placent avant le nom pour montrer la personne ou la chose distante dont on parle. Ils prennent les formes suivantes:

Masculin Singulier	Féminin Singulier	Masc./Fem.Pluriel	Neutres
Ce	Cette	Ces	Ce
Cet	Celle	Ceux	Ça
Celui	Celles		

Les pronoms démonstratifs composés sont utilisés pour marquer le choix entre deux objets ou deux personnes dont on parle. Ils prennent les formes composés suivantes:

Masculin Singulier	Féminin Singulier	Masc./Fem.Singulier
Celui-ci Celui-là	Celle-ci Celle-là	Ceci Cela Ceux-ci Celles-ci Celles-là Ceux-là

Le nom devant lequel ils sont placés peut occuper des fonctions syntaxiques multiples. Il peut être un complément de nom prépositionnel, il peut introduire une proposition relative, un participe passé ou présent, un substantif sujet ou un attribut adjectif

Exemple:

Cet homme-**Substantif**

Ceux qui sont venus seront récompensés-**Préposition relative**

Elle préfère celles possédant la ligne mince.-**participe présent**

Tant pis pour ceux restés derrière.-**participe passé**

Les romans de Nathalie Sarraute et ceux de Simone de Beauvoir.-**complément de nom**

Ceux allongés à la piscine sont des touristes.-**attribut**

ENTRAÎNEZ-VOUS!

Jouez le jeu du morpion à deux et faites 3 ronds ou trois croix pour gagner le jeu. Chaque joueur place un pronom démonstratif adéquat avant les substantifs donnés. Si les deux joueurs complètent 3 cases horizontales, verticales ou diagonales en même temps, ils crient: Morpion!

Jeu 1:

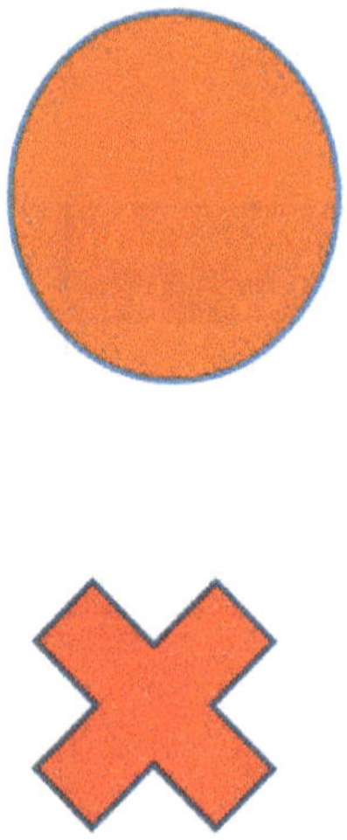

___garçon	____tomate	____couloir
____chaise	____voiture	____fromage
____fleurs	____robe	_____ville

Jeu 2: Placez des pronoms démonstratifs simples et composés

___qui rient	___ est le mien	___ est le leur
___ au fond là.	___ est nul.	___est en panne.
___ qui ont une moto.	___ valises Rouges.	___sont neufs.

EXERCICE 2: Le texte à trous

Lisez le texte ci-dessous et remplissez les trous par les mots donnés dans les cases. Vous pouvez répéter le même pronom autant de fois que c´est nécessaire. Voilà un extrait du troisième et du quatrième chapitres de l´île au trésor de Robert-Louis Stevenson

Ce	Cela	Celle-là
Cette	Ceci	Ces

Au verso, correctement, tracé d´une main ferme, j´ai lu __________ court message: " tu as jusqu´à 10 heures du soir."

-Mère, dis-je, il avait jusqu´à 10 heures.

-Allons, Jim, reprit ma mère,________________clef .

J´explorais les poches, l´un après l´autre (...) je commençais à désespérer.

-Elle est peut-être à son cou, a hasardé ma mère.

Surmontant une vive répugnance, j´ai arraché au col la chemise du cadavre et la clef nous a apparu enfilée à un but de corde.

____________succés nous a rempli d´espoir (...)

-Je ferai voir à ----bandit que je suis honnête femme, dit ma mère.

La tâche était longue et ardue, car il y avait là, entassées au hasard des pièces de tous pays et de tous modules: doulons, louis d´or, guinées (...) les guinées, du reste, se trouvaient en minorité, et ________seules permettaient à ma mère de s´y retrouver de son compte.

J´étais certain, en effet, que la porte verouillée avait paru suspecte et que ___________nous attirerait bientôt tout le guêpier aux oreilles.

-J´emporte_______________pour arrondir le compte.

______________qui était resté en bas à fouiller le cadavre a parut sur le seuil de l´auberge.

-Bill a été fouillé: ses poches sont vides(...)

_________sont___________gens de l´auberge, c´est_____________gamin.

Un bandit= un malfaiteur vivant hors la loi
Un guêpier= Passereau pus petit que la merle et se nourissant surtout d´abeilles et de guêpes
Verouillée= fermer à l´aide d´un verrou
Ardue= qui presente de grandes difficultés

1	**Difficulté**
2	**Temps verbaux simples et composés**
3	**Thème et biblio jeunesse**

____

Stevenson, Robert Louis. L´Île au trésor, chapitre 3 et 4. Ed. Nelson, 1926

EXERCICE 3: Phrases à trous 2

Lisez les phrases ci-dessous et remplissez les trous par les mots donnés dans les cases. Vous pouvez répéter le même pronom autant de fois que c´est nécessaire. Voilà un extrait de Poil de Carottes de Jules Renard

Celle	Ça	Ceux-là	Cet
Ce	Cela	Celles	

01. Je conçois que mes travaux scolaires m´interdisent _______voyage.

02. Ta lettre de_________matin m´étonne fort.

03. M. Lepic relit les bulletins trimestriels de ses fils, surtout les notes écrites par M. le proviseur lui-même: ______de grand frère Félix et ....de Poil de Carotte.

04. J´espère que________ne sera rien. Pour un de guéri, trois reviennent.

05. L´époque de naissances des agneaux a commencé. Les vieux, _______ d´une semaine, se détendent d´un violent effort de l´arrière-train et exécutent un zig-zig en l´air, ________d´un jour, maigres tombent sur leurs genoux anguleux pour se relever pleins de vie.

06. Bizarre, dit Poil de carotte, _______ instinct de famille

07. Son parrain le taquine toujours, mais Poil de carotte averti, ne se fâche plus de______manie du viel homme complique à peine leurs relations.

08. Les haricots blancs, ______-là fondent sur la langue.

09. Pourtant______n´est plus ____. Elle doit ménager la crème.

Jules Renard, Poil de carotte. Ed. Poche : Paris. 1999

EXERCICE 4 : Le Projet Communicatif

Béatrice téléphone à l´agence de voyage Club Med et doit choisir un resort et un bon plan. Reproduisez en utilisant les pronoms démonstratifs simples et composés la conversation de Béatrice et l´agent de voyage. (9 lignes)

Lexique Utile :Animation-activités enfants-pisicine-pension complète-tenue vestimentaire exigée-excursions culturelles- vol-aller-retour-accueil à l´aéroport-

15

OBJECTIF: Les pronoms possessifs

DOSSIER: Possessions

Les pronoms possessifs se placent au devant d´un substantif pour parler de nos possessions à la fois matérielles et affectives et celles des autres: mon père, ma voiture, mes enfants, mon travail, son père, ses parents, ect.

Le pronom et le substantif varient en genre et en nombre en fonction de l´un l´autre. Voilà une liste complète des pronoms possessifs que la langue française a:

Pronoms Possessifs Masc.	**Pronoms Possessifs Fem.**	**Pronoms possessifs masc. pluriel**	**Pronoms Possessifs fem. pluriel**
Mon	Ma	Mes	Mes
Ton	Ta	Tes	Tes
Son	Sa	Ses	Ses
Notre	Notre	Nos	Nos
Votre	Votre	Vos	Vos
Leur	Leur	Leurs	Leurs

Les pronoms possessifs toniques, quant à eux, s´emploient surtout comme noms ou pronoms:

Exemple: je fais mienne cette réponse.
Il fait siennes les connaissances acquises.
Ils fonctionnent comme réponses à des questions:

Exemple: C´est ton père qui arrive là?
-Oui, c´est le mien.

Les Pronoms **Toniques** Possessifs			
Pronoms singuliers		**Pronoms pluriels**	
Masc.	**Fem.**	**Masc.**	**Fem.**
Le mien	La mienne	Les miens	Les miennes
Le tien	La tienne	Les tiens	Les tiennes
Le sien	La sienne	Les tiennes	Les siennes
Le nôtre	la nôtre	Les nôtres	Les nôtres

Entraînez-Vous!

EXERCICE 1 : Coloriez en orange les pronoms possessifs singuliers et pluriels, les pronoms toniques possessifs singuliers et pluriels

Mes parents ne permettront pas à l´insatisfaction et à la bouderie de saper le moral de notre fête. Nos invités auront l´occasion de voir ma nouvelle robe de soirée et le thème exotique de ma fête de dix-huit ans : une guirlande feuille de palme, des plantes cactus. Les ballons chiffre représentant mon âge, des ballons multicolores gonflés d´hélium.

Les assiettes, les serviettes, les verres sur la table sont les nôtres. Le Sofy´s & CO traiteur pour les soirées d´anniversaire apporte ses articles de confettis en folie, des ballons happy birthday et des bougies scintillantes. Les petits-fours salés et sucrés, le buffet dînatoire à partager entre amis et mon gâteau d´anniversaire sont aussi les siens.

Exercice 2: Complétez les minidialogues avec des pronoms possessifs:

Sa-ta-son-le mien-ton -les nôtres-leur-mes-

Conversation 1:

- Aux soins de qui laisse t-il la brassière?

-Il laisse [1.] brassière aux soins de [2.] femme.

-C´est à cause d´elle et de [3.] santé qu´il désire à nouveau prendre des vacances et courir le monde.

Conversation 2:

Eric: Est-ce qu´elle te corrige, [4.] maman?

Nadine: Des fois, ça dépend!

Eric: Moi , c´est toujours sûr.

Nadine: Tes parents sont riches?

Eric: [5.] parents ont une fortune.

Nadine: Souvent [6.] se plaignent d´être fauchés.

Conversation 3:

M. Gilles: C´est [7.] mouchoir?

Eric: Oui, c´est [8.].

Que fais-tu du lièvre?

M. Gilles: Je le laisse à la ferme.

Il glisse [9.] mouchoir dans la sacoche.

La chèvre et le chien sont [10.] maintenant.

EXERCICE 3: Voilà un extrait du roman La Parure de Guy Maupassant. Lis le texte et remplis les places vides par les pronoms possessifs qui ont été supprimés:

Comme il habitait les Batignolles, étant employé au ministère de l´instruction publique, il prenait chaque matin (1.________) omnibus, pour se rendre à (2._______) bureau. Et chaque matin, il voyageait jusqu´au centre de Paris, en face d´une jeune fille dont il devient amoureux.

Elle allait à (3._______) magasin, tous les jours, à la même heure. C´était une petite brunette, (4.________) yeux sont si noirs qu´ils ont l´air de taches et dont le teint a des reflets d´ivoire (...)

Ils ont fini par causer. Une sorte d´intimité rapide s´est établie entre eux, une intimité d´une demi-heure par jour(...) Il pensait à elle tout le reste du temps, la revoyait sans cesse pendant les langues séances du bureau, hanté, possédé, envahi par cette image flottante et tenace qu´un visage de femme aimée laisse en nous.

(...) Chaque matin maintenant, elle lui donnait une poignée de main, et il gardait jusqu´au soir la sensation de ce contact, le souvenir dans (5._________)de la faible pression de ces petits doigts, il lui semblait qu´il en avait conservé l´empreinte sur (6.____________) peau.

Guy de Maupassant, La Parure. Ed. Les Classiques, 2015

[3] **Difficulté**

[2] **Temps verbaux simples et composés**

[X] **Thème et biblio jeunesse**

Renard, Jules. Poil de Carotte. Ed.La Poche : Paris, 1999

J	E	U	X

Exercice 4:

Jeu de démelage casse-tête des pronoms possessifs et substantifs des meubles de la maison et de la cuisine:

1.

C	N	P	É	A	A	O	M	N

2.

I	U	R	E	D	X	S	E	M

3.

I	S	T	A	P	N	O	S

4.

I	T	N	T	R	L	O	E

5.

V	M	A	I	E	L	S	L	E	A	S

6.

C	N	O	F	R	U	R	E	F	T

7.

R	I	M	A	T	N	O	O	E	R

8.

M	S	P	T	E	E	N	L	A	S

EXERCICE 5: Les pronoms possessifs toniques

1. Le parapluie sur la table, c´est le tien ?

Oui, c´est____________, pourquoi?

Pour rien, j´ai prêté ___________à maman.

2. La voiture rouge garée devant la maison du voisin, c´est _____________?

Oui, apparemment, c´est _____________.

3. Tu rends à ton frère ce qui est _____________, sinon t´auras affaire à moi.
4. Mes désirs, mes volontés ne sont jamais distingués des_____________.
5. J´ai cherché un refuge dans notre passé ________.
6. De la froideur entre nous, ma faute ou ____ ?
7. Moi, je ne me laissais pas prendre à ce genre de bluff qui n´était ni mon style ni________.
8. Sa fille avait de l´anémie, la___________se portait bien.

> **Le Bluff=** aux cartes, attitudes destinée à impressionner l´adversaire en lui faisant illusion
>
> **Connivence**=complicité qui consiste à cacher les fautes de quelqu´un
>
> **Un refuge**= un lieu où on se retire pour échapper à un danger ou à un désagrément pour se mettre en sûreté
>
> **La tension tendue**= État des muscles contractés (non souples)

EXERCICE 6 : Le Projet Communicatif

Léa est au téléphone avec les fournisseurs pour renouveler le stock de la marchandise dans sa boutique. Utilisez des pronoms possessifs simples et toniques pour la faire parler de ce qu´elle commande. **(8 lignes)**

Ex : Mon stock des valises de voyage est très bas.

Le nôtre aussi a été vidé par un afflux de commandes imprévues.

LEXIQUE UTILE :

Valises-sac-à-dos-trousses-parapluies-boîtes à lunch-chaussures de tennis-chaussettes-vêtements sportifs-

16

OBJECTIF: Les mots composés

DOSSIER: Noms des choses

La langue française regorge de mots composés. Ceci dit, ce sont des mots dont le sens est rendu par la combination entre les deux parties constituantes du mot dit composé. Les deux mots sont unis par un trait d´union, certains mots composés ont le trait d´union suprimé.

Où trouver ces mots?

Il n´y a pas de règle. On reconnait un mot composé quand on rencontre un lors de notre lecture. Pour faciliter, les manuels d´orthographe observent que ce sont souvent des **locutions invariables**, des noms propres rendus noms de rue, des mots à préfixe à sens plein ou des chiffres composés. Voilà une liste de mots composés qui peuvent être rencontrés dans des textes scientifiques ou littéraires:

Nom+Nom : Un Wagon-lit

Nom+adjectif : Un coffre-fort

Deux verbes : Un laisser-aller

Un verbe+ nom : Un chasse-neige

Arc-en-ciel, vis-à-vis, sur-le-champ, nu-tête, après-midi, mi-chemin, semi-circulaire, avant-coureur, contre-attaque, sans-gêne, ultra-royaliste, sous-préfet, rue de l´Abbé-de-l´Épée, rue saint-jacques, pêle-mêle, par-dehors, au-dedans, par-delà, grosso-modo, trente-six, vingt-cinq

Le pluriel des mots composés

Les mots composés ont une forme au pluriel en ajoutant **un "s"** à **la deuxième partie** du mot composé et **jamais à la première partie** si cette partie est un verbe ou un adjectif.

Ex. Des porte-**manteaux**, des billets demi-**tarifs**, mes demi-**soeurs**, trois **cents**

Les mots composés formés de la jonction **de deux noms** prennent **les deux « s » au pluriel.**

Ex. Des **balais**-**brosses**, des ronds-points,

2 Substantifs

Entraînez-vous!

Exercice 1: Choisissez l´orthographe correcte des locutions composées suivantes. Cherchez dans le dictionnaire leurs significations puis utilisez l´expression dans un mini-dialogue:

1. Il se sentait léger à jouer à saute-mouton/ saute mouton par dessus/ par-dessus la statue du husky.
2. Une sorte d´intimité rapide s´établit entre eux, une intimité d´une (demi heure/ demi-heure) par jour.
3. Je suis une honnête fille et je n´irai (là bas/ là-bas) avec vous que si vous me promettez de me ramener?
4. Ils restèrent (face à face/ face-à-face) et (tout-à-coup/ tout à coup) un petit garçon apparut là.
5. Il se mettait à table en (tête à tête/ tête-à-tête).
6. L´oiseau était perché (là haut/ là-haut) sur l´arbre.
7. Les habits de toute la famille accrochés au (porte manteau/ porte-manteau).
8. Elle les a trouvés à (demi vêtus/ demi-vêtus).

EXERCICE 2: La Fête des mots

Cherchez les mots composés donnés sous la grille puis trouvez leurs significations dans le dictionnaire. Faites des mini-dialogues.

D	E	M	I	S	O	E	U	R	K	L	I
D	E	M	I	P	E	N	S	I	O	N	N
S	T	G	S	A	N	S	A	B	R	I	I
D	H	J	D	E	M	I	T	O	U	R	R
P	O	R	T	E	C	L	É	S	M	N	N
D	H	S	A	N	S	F	A	U	T	E	E
P	O	R	T	E	B	O	N	H	E	U	R
D	G	N	S	A	N	S	F	I	L	R	W
C	V	P	O	R	T	E	V	O	I	X	S

Demi-pension **Porte-clés** **Sans-souci**
Demi-soeur **Demi-tour** **Sans-abri**
Porte-fenêtre **Porte-voix** **Porte-bonheur**
Sans-faute **Sans-fil**

EXERCICE 3: Décodez les messages donnés. Faites attention chaque message contient un mot composé dans une phrase interrogative.Chaque lettre est remplacée par celle d´avant.

1.

Bt-sfmpvwfmfubhbsef-spcf?

La lettre d´avant :______________________________________

2.

Brvpjtfsuvoujsf-cpvdipo?

La lettre d´avant : ______________________________

3.

Dfmbt´fru-
jmqbttffovodmjod´pfjm?

La lettre d´avant : ______________________________

4.

Mfdibttf-ofjfqbttfu-jmmftpjs?

La lettre d´avant : ______________________________

5.

Mfwoubu-jmgfsnfmbqpsuf-
gfofusf?

La lettre d´avant : ______________________________

EXERCICE 4: Le pluriel des mots composés

Singulier	Pluriel
1.Un porte-clé	
2.Une porte-fenêtre	
3.Un sans-culotte	
4.Une demi-mesure	
5.Un saut-de-lit	
6.Un saut-de-mouton	
7.Une demi-bouteille	
8.Un demi-tarif	
9.Un porte-manteu	

Un porte-clé= un étui anneau pour porter des clés

Une porte-fenêtre= une fenêtre qui descenda au sol

Un sans-culotte= Nom des Républicains sous la Révolution qui ont récusé de porter la culote

Un saute-mouton= un jeu où un saute derrière un autre

Une demi-bouteille= moitié remplie

Un demi-tarif= tarif réduit

Un porte-manteau= un objet pour suspendre les manteaux

EXERCICE 5: Faites des phrases avec les noms composés ci-dessus

1.

2.

3.

4.

5.

6.

7.

8.

9.

EXERCICE 6: LE PROJET COMMUNICATIF

Votre nièce est allé(e) faire des achats au centre comercial Confluence de Lyon.Elle a acheté plusieurs choses. En conversant ensemble, elle vous raconte ce qu´elle a acheté en utilisant des mots composés au singulier et au pluriel: passe, abat, ouvre, croque, pot, légume, fleur **(9 lignes**)

17

OBJECTIF: Les conjonctions de subordination

DOSSIER: Relations logiques

Les conjonctions de subordination introduisent une proposition subordonnée à la proposition principale. La conjonction de subordination peut revêtir plusieurs sens comme: la cause, la conséquence, la simultanéité, l´antériorité, la concession et le but.

Les conjonctions de cause: expliquent le pourquoi d´une situation. En voilà certaines conjonctions de cause: **parce que, pour cela que, à preuve que, étant donné que, dès lors que, du moment que,** pour ce citer que quelques unes.

Le verbe de la proposition causale se met à l´indicatif

(un fait perçu comme réel), au conditionnel (fait irréel ou dont la réalisation est soumise à une condition) ou au subjonctif (fait possible).

Ex. Je n´ai rien dit de peur que vous ne **soyez** inquiète.

(possibilité)

Je n´ai pas appelé **du moment que** je **serais** absente.

(éventualité)

Je ne veux pas dés lors que je **suis fâchée** (fait réel)

Les conjonctions de but: expriment la finalité d´une action et sont introduites par les conjonctions de but suivantes: à fin que, pour que, de crainte que, de peur que.

Le verbe de la proposition de but se met toujours au subjonctif.

Ex. Je vous parle **pour que** vous vous **amélioriez.**

Les conjonctions de conséquence: expriment la conséquence d´une action et la proposition consécutive est introduite par les conjonctions de conséquence suivantes: **si bien que, par conséquent, de sorte que, au point que, à un tel point que, à tel point que.**

Le verbe de la proposition consécutive est souvent au subjonctif. Il peut être à l´indicatif, si la conséquence est présentée comme un fait réel, comme un résultat pur et simple.

Ex. Il a agi de telle sorte que vous le réprimandiez.

Les conjonctions de concession: expriment une opposition. En voilà certaines conjonctions: **alors que, même si, malgré que, bien que, même si, au lieu que, encore que**, ect.

Le verbe de la proposition de concession est au subjonctif présent ou passé dans la plupart des cas et présente un fait souhaité, uncertain ou possible .

Exemple : Je reste calme bien que je **sois irrité**.

À l´indicatif après **même si, excepté si, sauf si.**

Exemple : je lui téléphone **même s´il** ne me téléphone jamais

Au conditionnel si la subordonnée exprime un fait comme éventuel ou irréel dont la réalisation dépend d´une condition.

Ex. Je n´irais pas encore qu´il insisterait

Les conjonctions de simultanéité: introduisent une action qui se passe en même temps qu´une autre. En voilà certaines conjonctions: **en même temps que, pendant que et pendant.**Le verbe de la conjonction est toujours à l´indicatif puisque le fait exprimé dans la subordonné est perçu comme réel

Ex. J´étudie en même temps qu´elle dort.

Je lis pendant que mon mari se repose.

Les conjonctions d´antériorité: expriment un fait qui se passe avant un autre dans le temps. En voilà une unique conjonction de subordination qu´on utilise lors de l´antériorité: avant que

Le verbe de la subordonnée est toujours au subjonctif présent ou passé.

Ex. J´ai déjeuné avant qu´il ne retourne.

Écoutez vos messages avant que je ne me réunisse avec vous

Les conjonctions de la postériorité: expriment un fait qui se passe à la suite d´un autre. En voilà quelques conjonctions de la postériorité: **après que, dès que** suivis de l´indicatif ou du subjonctif présent ou passé selon qu´on considère le fait comme réel ou irréel.

Ex. On prend le train après que vous ayez terminé votre devoir. (Une action se passe après l´autre, éventualité)

Je pars dès que je déjeune (fait possible)

Après qu´il ait mangé, il ira se promener. (les deux actuons sont passées)

Entraînez-Vous!

EXERCICE 1: Colorie les propositions principales et subordonnées qui expriment des relations logiques comme: l´antériorité, la postériorité, la conséquence, le but, la simultanéité

(...) Trahie, abandonnée, oui; une blessure trop saignante pour que je supporte d´en parler. Nous sommes retombés dans le silence. Allait-il s´établir définitivement entre nous? Un couple qui continue parce qu´il a commencé, sans autre raison: était-ce cela que nous étions en train de devenir? Passer encore quinze ans, vingt ans, sans grief particulier, sans animosité, mais chacun dans sa gangue, rivé sur son problème, ruminant son échec personnel, toute parole devenue vaine? Nous nous étions mis à vivre à contre temps. À Paris j´étais gai alors que je m´étais assombrie(...)

Il n´a rien répondu. Quelque chose s´était coincé dans notre dialogue: chacun prenait de travers ce que disait l´autre. Finirions-nous par en sortir? Pourquoi demain plutôt qu´aujourd´hui, à Rome plutôt qu´ici?

De Beauvoir, Simone. La Femme Rompue, Ed. Gallimard: Paris, 1967.

3	**Difficulté**
2	**Temps verbaux simples et composés**
X	**Thème et biblio jeunesse**

Exercice 2: Trouve la seconde partie des phrases données pour exprimer des rapports comme la conséquence, la cause, la simultanéité, la concession, l´antériorité, la postériorité ou le but.

Première partie

1. Puisque c´était la faute de la boisson.
2. Bien qu´elle soit malade.
3. Avant qu´il ne vienne.
4. Après qu´il ait accepté de la rembourser.
5. Pour que M. le Curé lui donne la communion.
6. Pour qu´elle se console.
7. Pendant qu´elle regardait les voiles au loin et tout l´horizon.

Deuxième partie

a. Le soleil la forçait à cligner des paupières

b. Alice se présente le lendemain à la Sacristie

c. Mannon est revenue au Cantal

d. Thierry a voyagé

e. Aurore sera prête à partir

f. Hélène arrête de se plaindre

g. Il lui demande de tout pardonner

Les subordonnées	Reliez les subordonnées
Conséquence	
Cause	
But	
Simultanéité	
Postériorité	
Antériorité	
Concession	

Exercice 3:

Lis cet extrait des Maximes de La Rochefoucauld à la page 143 et formule 4 propositions subordinatives de **conséquence, de concession, de cause, de simultanéité**

> Alphonse, roi de Portugal, fils du duc de Bragance dont je viens de parler, s´est marié en France à la fille du duc de Nemours, jeune, sans biens et sans protection.
>
> Peu de temps après, cette princesse a formé le dessein de quitter le Roi son mari, elle l´a fait arrêter dans Lisbonne, et les mêmes troupes, qui un jour auparavant le gardaient comme leur roi, l´ont gardé le lendemain comme prisonnier, il a été confiné dans une île de ses propres États, et on lui a laissé la vie et le titre de roi. Le prince de Portugal, son frère, a épousé la Reine; elle conserve sa dignité, et elle a revêtu le prince son mari de toute l´autorité du gouvernement, sans lui donner le nom de roi; elle a joui tranquillement du succès d´une entreprise si extraordinaire, en paix avec les Espagnols, et sans guerre civile dans le royaume.
>
> Un vendeur d´herbes, nommé Masaniel, a fait soulever le menu peuple de Naples, et malgré la puissance des Espanhols il a usurpé l´autorité royale; il a disposé souverainement de la vie, de la liberté et des biens de tout ce qui lui a été suspect; il s´est rendu maître des douanes; il a dépouillé les partisans de tout leur argent et de leurs meubles, et a fait brûler publiquement toutes ces richesses immenses dans le milieu de la ville, sans qu´un seul de cette foule confuse de révolte ait voulu profiter d´un bien qu´on croyait mal acquis.
>
> La Rochefoucauld, Maximes et Réflexions Diverses, GF-Flammarion, 1977: Paris

1.

2.

3.

4.

3	**Difficulté**
2	**Temps verbaux simples et composés**
X	**Thème et biblio jeunesse**

EXERCICE 4: Complète les propositions principales suivantes par des propositions subordonnées exprimant des relations logiques d´antériorité, de postériorité, de simultanéité, de conséquence, de cause et de concession:

1. Leurs crimes coûtent des pleurs. (**Conséquence**, de sorte que)
2. Le rapt a eu lieu. (**Simultanéité**, en même temps que)
3. Elle est la seule fille du maire. (**Concession**, mais)
4. Nous accumulons des preuves. (**Antériorité**, avant que)
5. Ils réforment la maison. (**Postériorité**, après que)
6. Personne ne vous a servies. (**Cause**, puisque)
7. Je t´ai dit que tu couvais trop les petites.

1. (**Conséquence**, tant que)

8. J´ai senti un raidissement dans sa voix.

2. (**Concession**, même si)

9. En cas de malheur. (**Conséquence**, de sorte que)
10. (Sans fric.) (**Simultanéité**, pendant que)

EXERCICE 5: **Projet Communicatif 1**.Raconte, en utilisant des expressions indiquant la concession ce que tu fais comme concession pour:

a. S´entendre avec les autres

b. Sortir le week-end

c. Ranger la maison

d. Conduire jusqu´au travail

e. Faire un voyage international une fois par an

f. Réussir le concours d´entrée à une grande école

g. Lire une histoire drôle jusqu´à la fin

EXERCICE 6: **Projet Communicatif 2**: Raconte en utilisant des expressions de l´antériorité et de la postériorité des actions journalières ou des événements dans ta vie ou la vie des autres:

a. Ma soeur est née avant que_____

b.

c.

d.

e.

f.

g.

h.

EXERCICE 7: Les propositions principales et subordinatives en jeu d´intrus. Trouvez les deux intruses qui n´ont pas de conjonction de subordination

1.

Son mari a divorcé parce qu´il en avait marre d´être trompé.

2.

Je lui ai téléphoné parce que je voulais des renseignements sur Noëllie.

3.

La lutte a été chaude donc elle compte beaucoup pour lui.

4.

Mes cheveux se sont abîmés mais Maurice les trouve émouvants.

5.

Je me suis bien tenue même si je ne me suis pas bien comportée.

6.

Je le revois au dîner après que vous soyez rentrés chez vous.

Le Parc de la Bagatelle au Bois de Boulogne. La plus belle roserie de Paris à Neuilly-sur- Seine.

18

OBJECTIF: Le discours rapporté direct et indirect

DOSSIER: Instructions et professions

Le Discours Direct

- Il s´agit de toute parole proférée par celui, celle, ceux ou celles qui parlent. On le marque dans l´écriture par des verbes d´énonciation comme: *dire, annoncer, suggérer, penser, déclarer, protester, affirmer, ajouter, répondre, demander, expliquer,...*
- Conjugués au présent ou à un temps du passé.
- Les deux points de ponctuation (:)
- Les guillemets d´ouverture et de fermeture ("")

Le Discours Indirect

- Il consiste à rapporter, raconter les propos proférés par les autres.
- Le processus de rapporter les paroles d´autrui inclut

  la suppression des guillemets et des deux points ainsi que les guillemets, l´utilisation du pronom "que" ainsi que la modification les temps verbaux si le verbe introduction est au passé.
- Les marqueurs de temps changent aussi si le verbe introducteur est au passé.
- Changements des temps verbaux voilà la grille:

Temps des verbes à l´indicatif	Temps des verbes au passé
Présent	Imparfait
Passé Composé	Plus-que-parfait
Passé récent	Imparfait + Infinitif
Futur	Le Futur Antérieur
Le Conditionnel Présent	Le Conditionnel Passé
Impératif	L´infinitif ou le subjonctif présent

Les indicateurs du temps au présent	Les indicateurs du temps au passé
Aujourd´hui	Hier, ce jour-là
Demain	Le lendemain
Ce mois-ci	Le mois après, suivant
Cette année	L´année passée
Le mois prochain	Le mois d´après
Le mois passé	Le mois dernier

Entraînez-vous!

Exercice 1: Voilà une conversation entre Mme Lepic et Poil de Carotte au chapitre VII. Rapportez les paroles entre Mme Lepic et Poil de Carotte en faisant les transformations nécessaires.

-Il ne reste plus de melon pour toi, dit madame Lepic; d´ailleurs, tu es comme moi, tu ne l´aimes pas. (1)

-Ça se trouve bien, se dit Poil de Carotte. (2)

On lui impose ainsi ses goûts et ses dégoûts. En principe, il doit aimer seulement ce qu´aime sa mère. Quand arrive le fromage:

-Je suis bien sûre, dit Madame Lepic, que Poil de Carotte n´en mangera pas. (3)

Et Poil de Carotte pense:

-Puisqu´elle en est sûre, ce n´est pas la peine d´essayer. En outre il sait que ce serait dangereux et n´a t-il pas le temps de satisfaire ses plus bizarres caprices dans les endroits connus de lui seul? (4)
Au dessert, Madame Lepic lui dit:

-Va porter ces tranches de melon à tes lapins. (5)

Poil de Carotte fait la commission au petit pas en tenant l´assiette bien horizontale afin de ne rien renverser. À 111111son entrée sous leur toit, les lapins, coiffés en tapageurs, les oreilles sur l´oreille, le nez en l´air, les pattes de devant raides comme s´ils allaient jouer du tambour s´empressant autour de lui.

-Oh attendez, dit Poil de Carotte un moment, s´il vous plaît partageons. (6)

S´étant assis d´abord sur un tas de carottes, de séneçon rongé jusqu´à la racine, de trognons de choux de feuilles de mauves, il leur donne les graines de melon et boit le jus lui-même.

C´est doux comme du vin doux. Puis il racle avec les dents ce que sa famille a laissé aux tranches de jaune sucré, tout ce qui peut fondre encore, et il passe le vert aux lapins en rond sur leur derrière.

(Renard, Jules. Poil de Carotte)

1.

2.

3.

4,

5.

6.

3	**Difficulté**
2	**Temps verbaux simples et composés**
X	**Thème et biblio jeunesse**

Jules Renard, Poil de Carotte. Ed.LaPoche: Paris, 1999.

EXERCICE 2: Voici les instructions que le professeur de géographie a passées à ses élèves au discours direct. Réecrivez les instructions au discours indirect commençant par: "le professeur a demandé que les étudiants"

1. " Localisez la rivière la Garonne sur la carte."
2. " Indiquez l´île de la Corse sur la carte."
3. " Écrivez le nom de toutes les chaînes de montagne du pays."
4. " Délimitez les régions de campgane."
5. " Marquez l´île de France sur la carte."
6. "Trouvez la côte d´azur sur la carte."
7. "Tracez du crayon les Pyrénées-Atlantiques."
8. "Coloriez la région de Bretagne en rouge."
9. "Situez sur la carte la région d´Auvergne."
10. "Indiquez la Provence-Alpes-Côtes-d´Azur."

EXERCICE 3: Voilà un dialogue entre une coiffeuse et Mme Lambert. Lisez leur conversation et rapportez les paroles dites par chacune au discours indirect:

La Coiffeuse a demandé: " Qui est votre coiffeur?"
Mme Lambert a répondé: " C´est Jean-Pierre."
La Coiffeuse a questionné: " Pouvez-vous venir à 11 heures?"
Mme Lambert a dit: " je préfère un peu plus tard, 2h c´est libre?"
La Coiffeuse a suggéré: " 2:30, je peux noter votre nom?"
Mme. Lambert a annoncé: " je vais faire un shampoing et un brushing."
La Coiffeuse a répondu: " c´est noté. À plus tard Madame Lambert."

EXERCICE 4: **Projet de Communication**

Deux employés conversent **au style direct** à propos de la nouvelle directrice des Ressources Humaines (DRH) Mme Duchemin, de la région de France d´où elle vient (la Bretagne), de son âge (40 ans), de son physique (mince et de sa taille moyenne), de son statut civil (mariée avec deux enfants) et de la réunion marquée à 2 heures à propos de la gestion de carrière et de l´évaluation. (10 lignes)

EXERCICE 5: Le Jeu de morpion

Jouez le jeu du morpion à deux et faites 3 ronds ou trois croix pour gagner le jeu. Chaque joueur reprend la phrase du discours direct au discourt indirect en faisant les transformations nécessaires. Utilisez des verbes introducteurs au passé composé.

Si les deux joueurs complètent 3 cases horizontales, verticales ou diagonales en même temps, ils crient: Morpion!

Vous avez l´heure?	Vous avez des chambres à l´hôtel Flaubert?	Vous êtes au courant?
Taisez-Vous!	Laisse-moi t´expliquer!	C´est toujours d´accord?
Qu´est ce qui t´arrive Brigitte?	Il revient quand?	Méfie-toi!

19

OBJECTIF: Les pronoms relatifs

DOSSIER: Définir et donner des informations supplémentaires

Les Pronoms Relatifs Simples et Composés

Les pronoms relatifs sont utilisés pour **définir** un nom de personne ou de chose dans une subordonnée dite relative. Il est très important de distinguer le "que" relatif du "que" conjonction qui suit une structure verbale et introduit une subordonnée: ***Je doute qu´il vienne***. Le "**qui**" et le "**quoi**" pour leur part sont toujours pronoms relatifs.

Ex. ***Un homme qui comprend la situation.***

Les pronoms relatifs ont des formes simples et des formes composées. Les formes simples sont invariables alors que les formes composées sont variables en genre et en nombre.

En voilà la liste:

<u>Les Formes Simples</u>
Qui : L´homme **qui** est venu me parler est mon patron.
Que : La fortune **que** vous avez héritée.
Quoi s´applique à des choses et
S´emploie comme complément prépositionnel. Donc il y a toujours un nom et une préposition avant le pronom relatif quoi:
Ex. Ce sont des **<u>choses à</u> quoi** vous ne prenez pas garde.

"Dont" est un pronom neutre et invariable. Il signifie : « **de** qui », « **de** laquelle », « **du**quel », « desquels », « desquelles ».
Dont" remplace un complément de nom introduit par "de" et marque :
La possession (les fils de Daniel)
La cause(les rides de la vieillesse)
La manière(la beauté d´un aimable),
La matière (un anneau d´or), il peut représenter des choses ou des personnes.

Ex. L´homme **dont** les biens ont été vendus.

'Masc.Sing. **F**ém. **Sing.**
Plur. **Plur.**

<u>Les Formes Composés</u>:
Sont utilisées comme des pronoms interrogatifs qui expriment le choix. Ils varient en genre et en nombre. Ils servent également à définir un nom ou une chose.

Auquel	à laquelle
Lequel	de laquelle
Duquel	Desquelles
Lesquels	lesquelles
Desquels	desquelles
Auxquels	auxquelles

<u>Exemple</u>: **Lequel** des deux voulez-vous? Le rouge ou le noir? **(choix)**
J´ai acheté trois livres, **lesquels** traitent du même sujet.**(definir)**
La réunion à laquelle je vais participer a été reportée. **(définir)**
D´autres **prépositions** précèdent les pronoms relatifs composés: (près duquel, sans lequel, vers lequel, par laquelle, dans lequel, ...)

Entraînez-vous!

EXERCICE 1: Coloriez en rouge les pronoms relatifs de cet extrait du roman d´Agatha Christie, La nuit qui ne finit pas. Voilà un extrait d´une conversation entre le mari d´Ellie, Michael et son avocat Mr. Lippincot:

> -Je n´ai pas apprécié un certain nombre de ses initiatives et la manière dont elle les a mises en oeuvre. Je pense qu´Ellie qui a très bon coeur, va être bouleversée d´avoir, dirons-nous, ruiné les perspectives d´avenir de Greta (...)
>
> -Elle a eu des propositions, je crois, mais elle ne les a pas prises en considération. Je pense, cependant, que votre idée est excellente. C´est une solution qui aurait l´avantage de ne blesser personne. Cela paraîtrait tout à fait normal qu´Ellie, ayant atteint sa majorité et ayant pu se marier grâce aux bons offices de Greta, lui fasse don d´une certaine somme d´argent dans un élan de gratitude. Ces derniers mots jaillirent de la bouche de Mr. Lippincott aussi acides que du jus de citron.
>
> (...)
>
> -Rien ne vous y oblige, précisa-t-il. Elle est déjà très bien pourvue grâce aux pensions alimentaires versées par ses différents maris. Et comme vous le savez, elle perçoit un revenu, même s´il n´est pas très important, sur les actions que votre grand-père lui a léguées.
>
> (Agatha, Christie.)

3	**Difficulté**
2	**Temps verbaux simples et composés**
X	**Thème et biblio jeunesse**

EXERCICE 2: Les phrases à trous

Remplissez les places vides par le pronom relatif de forme simple ou de forme composée qui convient: qui, que, quoi, lequel, lesquels, dont

Un perdrix

1. Il mâche avec les dents les tranches [ ] sa famille a laissées

2. C´est à ce moment précis [ ] les malheurs arrivent.

3. C´est sa soeur Nathalie [ ] a pansé la blessure.

4. Des frères [ ] s´aiment mettent tout en commun.

5. Les moineaux effrayés, repartent. Mais il en reste un sur une branche [ ] tient bien.

6. -Si tu veux on peut aller chasser des lièvres?

- [ ] ?

-Ceux de la forêt.

Un lièvre

7. Nous connaissons des endroits où vous pouvez aller et recevoir le même service?

- [ ] ?

- Là tout près de la rue du Renard.

8. Je ne sais sur [ ] me baser, mais c´est déjà presque une réalité.

9. La propriété [ ] nous parlons se trouve en Provence.

EXERCICE 3: Encadre le pronom relatif et indique son antécédent:

1. Les ruches qui sont pleines de miel sont visitées toutes les fins de semaines.
2. La miellerie qui s´occupe de la mise en pot du miel se trouve à la sortie.
3. Les apiculteurs que vous voyez, prennent soin des ruches et donnent des cours.
4. Les ruches dont le miel est commercialisé sont toutes en paille ou en bois de nos jours.
5. Les abeilles qui peuplent les ruches en paille ou en bois sont placées sous les branches d´un arbre.
6. La pollinisation essentielle de quoi dépendent les arbres fruitiers et légumes est aussi faite par les abeilles.

EXERCICE 4: Complétez les phrases suivantes avec des pronoms relatifs de forme simple ou composée

1. Les grattes-ciels
2. L´Amazon
3. La Forêt Atlantique
4. Les voiliers
5. Les plongeurs sous-marins
6. Les rochers sur
7. Le chemin
8. Le tunnel
9. Les gens
10. La ville

EXERCICE 5: Le Pronom Relatif "dont"

Liez les deux phrases données avec le pronom "dont" pour éviter la répétition du complément de nom:

1.La fille de l´homme était petite. L´homme était fier d´elle.

2.Tu me donnes le chocolat. J´ai envie du chocolat

3.Les portes du magasin sont fermées. Le magasin a changé d´adresse.

4. La femme a fait des confidences à Claire. Elle est jalouse de la femme.

5. Les chouquettes au chocolat de la boulangerie sont crémeuses. Elle en raffolait.

EXERCICE 6: **le projet communicatif**

Vous faites partie de l´association des pêcheurs de Bretagne. Conversez avec les membres de l´association sur les nouvelles mesures de la pêche à l´océan et zones de restriction. Parlez des horaires, des filets et du poisson de la région. Des dangers et avantages de la pêche éléctrique pratiquée dans les pays-bas par les Néerlandais en utilisant le maximum de pronoms relatifs de forme simple et de forme composée. Conversation de 15 lignes.

DOSSIER VI

LE JEU DES CHARADES

OBJECTIF:
- **Résoudre des charades**
- **Utiliser les sons de la phonétique et les syllabes**
- **Former d´autres charades**
- **Former des phrases**

Entraînez-vous!

Lisez les indices à suivre pour révèler l´énigme présentée par la charade.

Remarque:

Des fois, il faut recourir aux sons de la phonétique et au découpage syllabique pour résoudre les charades.

1.

Mon premier est le participe passé du verbe "lire".

Mon deuxième est dans "mien".

Mon troisième on le respire.

Mon tout illumine.

Qui suis-je?

2.

Mon premier est dans jadis

Mon deuxième est la vingt-cinquième lettre de l´alphabet.

Mon troisième les maisons l´ont.

Qui suis-je?

3.

Mon premier est dans yoga.

Mon deuxième est le participe passé du verbe "avoir"

Mon troisième marque le pluriel.

Qui suis-je?

4.

Mon premier est dans "été".

Mon deuxième appartient au mot "éteindre".

Mon troisième les feux d´artifices le lancent.

Qui suis-je?

5.

Mon premier se boit.

Mon deuxième est dans le pronom démons-tratif "ces".

Mon tout a 365 jours.

Qui suis-je?

6.

Mon premier conduit en même temps avec un autre.

Mon deuxième est le verbe "offrir" à

l´impératif.

Mon tout est une boîte métallique.

7.

Mon premier signifie ce qui est dehors.

Mon deuxième est la conjugaison du verbe "loger" à la troisième personne du singulier.

Mon tout marque l´heure.

8.

Mon premier se trouve dans Corneille.

Mon deuxième est un adjectif de beauté.

Mon troisième est un oiseau.

Qui suis-je?

9.

Mon premier signifie ce qui est pour.

Mon deuxième se trouve dans menace.

Mon troisième est une préposition de provenance.

Qui suis-je?

10.

Mon premier est dans le verbe "nuire"

Mon deuxième est le synonyme d´écouter.

Mon tout prend lieu le soir.

Qui suis-je ?

DOSSIER VII

Le vocabulaire Progressif du français

DOSSIER 1: La météo

OBJECTIFS:

- ✓ Prévisions de trafic autoroutier et vocabulaire
- ✓ Prévisions de temps et vocabulaire
- ✓ Jeux de langue: angarammes, jeu d´intrus,roue gigante
- ✓ Les produits français et jeux de langue : jeu de mémoire, texte à trous, jeu de morpion
- ✓ Textes de lecture et compréhension
- ✓ La Normandie, ses villes et ses monuments
- ✓ Les Forêts en France et vocabulaire
- ✓ Entreprises françaises, Produits et vocabulaire publicitaire et financier

---

Carte de la météo

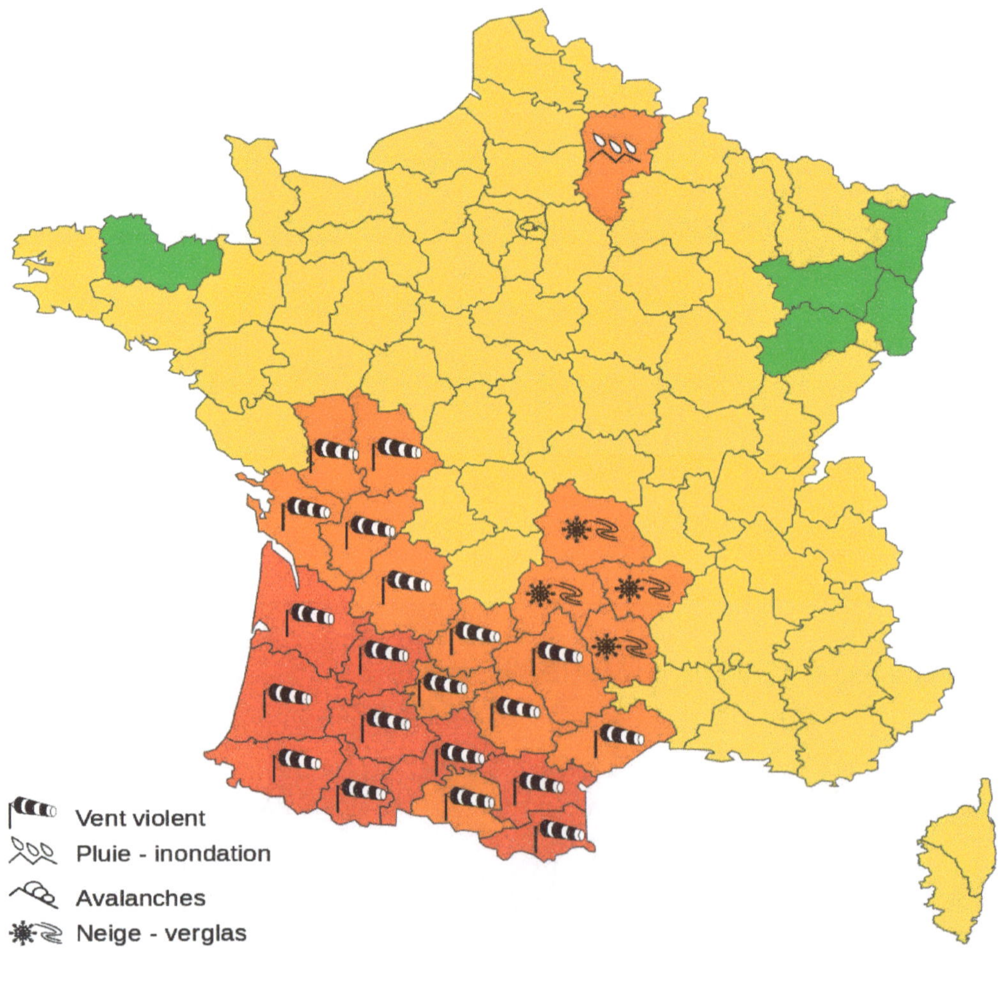

Leçon 1: Météo et état des routes

Bonne nouvelle, pour le jour que vous avez sélectionné, la circulation sera habituelle. Il n'y a donc pas de prévisions détaillées.

Bison Futé réalise des prévisions de trafic pour les grandes migrations qui correspondent en général aux vacances ou aux jours fériés. Les jours classés verts sur le calendrier correspondent donc à des jours où le trafic sera habituel.

La couleur verte au niveau national traduit une situation générale du trafic sur le territoire, ce qui n'empêche pas des difficultés locales d'exister en raison de conditions particulières (accident, manifestation, conditions météorologiques très dégradées...).

LECTURE 1

POURQUOI SOMMES-NOUS ACCROCS À LA MÉTÉO

Depuis toujours, les bulletins météo qui encadrent les journaux télévisés constituent des pics d'audience, et leurs présentateurs font figure de superstars du PAF. Selon l'institut Médiamétrie, 5 millions de téléspectateurs en moyenne ont regardé le bulletin de 12h55 surTF 1 entre le 1er janvier et le 6 juin 2012, contre 2,5 millions sur France 2 et 1,1 million sur France 3. Après 20 heures, ça grimpe : 6,6 millions sur TF1, 4,5 millions sur France 2. Pour ceux qui en veulent à toute heure, il reste les chaînes d'info en continu ou, mieux, les chaînes spécialisées. La Chaîne Météo (câble et satellite) voit passer, sur une période d'un mois, 4,5 millions de téléspectateurs devant ses écrans.

L'explosion de la météo « mobile ». Sites Internet, applications pour smartphones? Le grand public peut obtenir des prévisions et informations météo à chaque minute et pour toutes les régions du globe. Les applications et sites mobiles sont en pleine expansion. App Store et Android Market proposent chacun plus de 1000 applications pour tablettes numériques et smartphones, de la simple prévision nationale aux risques d'incendie dans le Colorado ou à la progression des aurores boréales. Tous les fournisseurs de données, comme Météo Consult (1,2 million de visiteurs uniques en juin 2012), se frottent les mains. Météo France n'est pas en reste : Michel Assouline, son directeur communication, avance un chiffre de 4 millions de téléchargements pour les applications Météo France sur iPhone et Android. Facilitées par les gadgets technologiques, les prévisions se font ludiques et permettent aussi bien, depuis un simple smartphone, de savoir s'il va pleuvoir pour une rando en VTT à 5 km de chez soi que de planifier ses vacances dans le monde entier.

Chacun peut jouer au météorologue. Chez Nature et Découvertes au Carrousel du Louvre, on constate une montée en puissance des stations météo individuelles. « Les clients ont des demandes de plus en plus pointues », témoigne une employée. Bourrées de technologie, certaines stations, reliées à des données fournies par Météo France, proposent la météo à quatre jours, tandis que d'autres, que l'on peut connecter à son ordinateur personnel, incluent des logiciels permettant de dresser des courbes de données relatives aux derniers mois. « Nos clients les plus avertis peuvent jouer au petit météorologue à la maison et effectuer leurs propres prévisions », poursuit la vendeuse. Les passionnés sont prêts à y mettre le prix : de 99,50 euros? à 399 euros ? pour une station pro.

Les accros du temps à la minute près. Autodidacte mais fan de météo depuis l'âge de 7 ans, Guillaume Séchet, 43 ans, a créé 19 sites de météo locale (www.meteo-paris.com, www.meteo-biarritz.com, www.meteo-marseille.com?) et autant d'applications Android et iPhone. « Pour avoir des informations sur la météo, les gens n'attendent plus le bulletin de la fin du JT, souligne l'expert, également présentateur sur BFMTV. Ils vont sur Internet, comparent les prévisions? » Parmi les 50 à 100 fans qui lui écrivent chaque jour, Guillaume Séchet note la présence d'accros : « Il y a des gens branchés en permanence sur la station météo que j'ai installée sur mon toit parisien. Ils regardent toutes les cinq minutes l'évolution de la température ou de la vitesse du vent? »

[3] **Difficulté**

[2] **Temps verbaux simples et composés**

[X] **Thème et biblio jeunesse**

ENTRAÎNEZ-VOUS !

Exercice 1 : le TEXTE À TROUS

Météo-accrocs-bulletins-superstars-télévisés-smart phone

Depuis toujours, les ________ météo qui passent dans les journaux ________ sont présentés par des présentateurs qui sont des ________ L´explosion de la météo mobile sur ________ fait des ________ et apporte des informations sur la ________ nationale et même les incendies en forêt.

Exercice 2:

Trouve 8 expressions dans la roue gigante qui caractérisent la circulation. Encadre-les et forme des mini-conversations dans lesquelles vous intercalez les expressions:

S	D	E	N	S	E	A	A	F
L	U	I	D	E	M	U	T	L
F	R	M	É	E	I	p	U	U
E	B	O	U	C	H	O	N	D
I	F	E	R	M	É	I	N	E
D	R	O	U	T	E	C	C	I
E	T	R	A	V	A	U	X	A
U	X	V	O	I	E	F	E	R
R	É	E	B	L	O	Q	U	É

EXERCICE 3: Le texte à trous

Lisez le texte suivant se relationnant à la situation de la circulation à Paris en jour férié. Utilisez les mots du dictionnaire pour remplir les trous.

Accident-Bouchons-Dense-Vacances-Fériés-
Fermée-Travaux- Reprendra demain-Déviation-Prévisions-
Trafic-Verte

Bison Futé réalise des (1)__________________ pour les _(2)_______________et les jours (3)_________________.
La couleur (4)_______________correspond à un (5)____________ fluide. La couleur Orange correspond à un trafic (6)_______________.
Pour des motifs de _(7)________________ la nationale 9 sera (8)______________. Les automobilistes doivent faire 10 km de (9)___________pour atteindre la principale.
Les(10)_______________comme les(11)__________________ bloquent la route des fois.

EXERCICE 4: Des Anagrammes de mots.

À partir des mots suivants, et selon le modèle, trouve d´autres mots en changeant une lettre à chaque fois pour obtenir d´autres mots. Invente d´autres exemples qui font sens. Ce n´est pas grave si quelques lettres sautent mais il faut réutiliser la plupart des lettres autant de fois que c´est possible. Le champs sémantique est celui du trafic et des prévisions de temps.

N°				
1.	Dense	Danse		
2.	Éclaircie			
3.	Orage			
4.	Soleil			
5.	Tempête			
6.	Neige			
7.	Travaux			
8.	Grisaillee			
9.	Température			
10.	Brouillard	Danse		

EXERCICE 5: Formez des phrases avec les éléments proposés de chaque colonne. Conjuguez les verbes au temps que vous voulez

Les brouillards	être	en baisse
Les grisailles	aller	entre 14 et 18 degrés
Les minimales	dominer	bas et gris
Le ciel	varier	en montagne
L´après-midi	rester	lumineux
Les températures	être	denses
Les maximales	être	de 4 à 9 degrés
Le soleil	être	fréquents

1.

2.

3.

4.

5.

6.

7.

8.

EXERCICE 6: Que signifie chaque mot. Choisis l´expression qui convient sur la branche lexicale

1.

Une bruine
- a.Pluie torrentielle
- b.Pluie fine
- c.Du verglas

2.

Un onglet
- a.une bande de lecture
- b.une clef
- c.Une ville

3.

La vigilance
- a.distraction
- b.attention
- c.négligence

4.

Des stupéfiants
- a.alcool
- b.substances
- c.drogue

5.

Un sondage
- a.recherche
- b.enquête
- c.écouter du bruit

6.

Danger
- a.péril
- b.accident
- c.mort

7.

Les poids-lourds
- a.camions
- b.mobilette
- c.VTT

8.

Des maux de tête
- a.douleurs de tête
- b.fièvre
- c.grippe

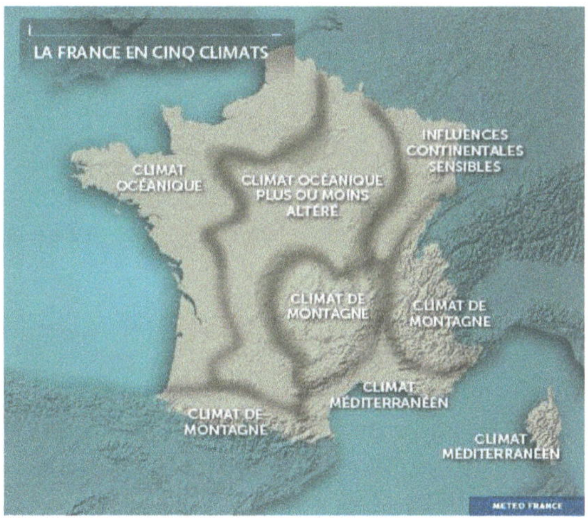

Les Catacombes, le plus grand ossuaire du monde du Paris souterrain. Fêtes de Halloween

TEXTE 2:

Prévions de temps

Voilà les prévisions de temps que Bison fûté donne du climat de la France le 11 novembre 2020:

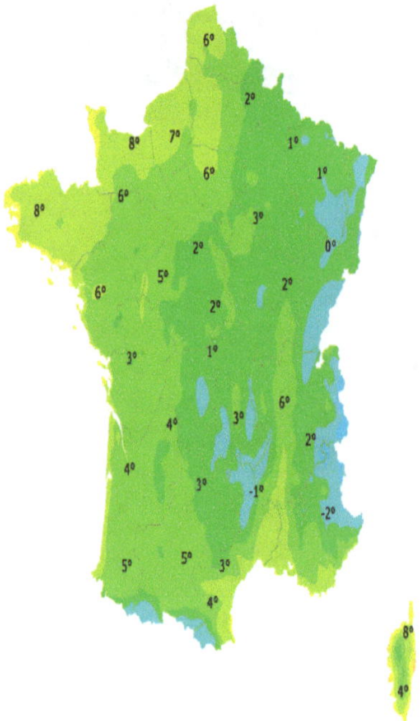

Grisaille et éclaircies dans une douceur automnale.

Des conditions anticycloniques s'installent sur le pays, un temps calme et doux domine. Du Nord-Est à la vallée du Rhône et ponctuellement en Provence, les brouillards matinaux sont souvent denses en plaine, le soleil domine en montagne. L'évolution est lente, le ciel reste souvent bas et gris en Alsace et Lorraine l'après-midi, plus lumineux ailleurs. De la Champagne-Ardenne à la Bourgogne, l'Auvergne et jusqu'au pied des Pyrénées, le ciel est chargé avec quelques averses en journée, pouvant parfois aller jusqu'à l'orage l'après-midi et soirée. Sur la moitié ouest du pays, les grisailles sont fréquentes le matin. Le ciel devient plus variable l'après-midi, mais des plaques résistent pouvant lâcher des petites pluies ou bruines. Les côtes sont généralement bien dégagées. Les températures sont en légère baisse mais restent douces. Les minimales vont de 4 à 9 degrés à l'Est, 8 à 11 en général ailleurs.

Les maximales varient entre 14 et 18 degrés du nord au sud,

pas plus de 10 à 13 en plaine d'Alsace, et 18 à 20 degrés près de la Méditerranée pas plus de 10 à 13 en plaine d'Alsace, et 18 à 20 degrés près de la Méditerranée.

[3] **Difficulté**

[2] **Temps verbaux simples et composés**

[X] **Thème et Littérature pour jeunes**

Texte 3: Le trafic

L'onglet « **Trafic des agglomérations** » permet un accès direct à l'état du trafic en temps réel des grandes agglomérations. Les informations des cartes de trafic sont répertoriées suivant le code couleur suivant:**vert** =fluide, **orange** = trafic dense, **rouge** = trafic sature. Les villes concernées sont Bordeaux, Grenoble, Lille, Marseille, Paris-Île-de-France, Rennes, Lyon, Strasbourg, Mulhouse, Metz, Nancy, Saint-Étienne, Rouen, Limoges, Brive, Caen, Toulouse et Nantes.

Entrainez-Vous!

EXERCICE 1: Lisez le texte sur les prévisions du temps en France, puis répondez. Dites si c´est vrai ou faux? Si c´est faux, quelle est la phrase correcte?

1. Un temps nuageux et gris domine sur le pays.

☐ Vrai

☐ Faux

2. Une chaleur estivale s´installe dans le pays.

☐ Vrai

☐ Faux

3. Les brouillards matinaux sont denses et bas.

☐ Vrai

☐ Faux

4.Le ciel est clair avec un soleil lumineux.

☐ Vrai

☐ Faux

5.Les températures sont en baisse.

☐ Vrai

☐ Faux

6.Dans les Pyrénées, le ciel est chargée avec quelques averses.

☐ Vrai

☐ Faux

7.Les brouillards sont matinaux.

☐ Vrai

☐ Faux

EXERCICE 2: Complétez les phrases suivantes avec le mot adéquat:

Coloré- des bouchons-ralentissent-élargir-férée-piste cyclable-

1. Les voies communes sont________________.
2. Les cartes de trafic ont un répertoire____________.
3. 8h, 12h et 6 h sont reconnues comme les heures des________________ dans les rues.
4. Les travaux pour_________________les routes obligent les automobilistes à faire des détours.
5. Les accidents et les incidents sur la route_______________ la circulation.
6. Les cyclistes doivent pédaler dans ________________ .

EXERCICE 3: Un intrus s´est glissé dans les phrases suivantes. Retrouvez-le et chassez-le.

1.Prendre des stupéfiants alors qu´on est derrière le volant cause beaucoup de morts.

2.Points.12 est un organe qui permet de faire un stage de récupération de 2 jours pour revalider son permis.

3.Rouler vite cause plus d´accident qu´il n´économise le temps.

4.Les brouillards sont épaix le soir.

Le vocabulaire progressif du français

LEÇON 2: La Normadie, ses villes et ses monuments

Le Mont Saint Michel

Le Mont-Saint-Michel a la particularité d´être érigé sur un îlot rocheux, entouré d´une mangnifique baie. Situé au département de la Manche entre la Normandie et la Bretagne. C´est l´environnement maritime qui avait déterminé le choix **des moines du Moyen Âge** de s´installer à cet endroit précis et d´y bâtir ce qui allait devenir l´un des plus extraordinaires édifices de **l´architecture religieuse.** Aubert, évêque d´Avranches, aurait fondé **un sanctuaire** sur le Mont-tombe en 708, après trois apparitions successives de **l´archange Saint Michel.** Surplombant l´immensité de la baie, **l´abbaye** du Mont-saint-michel est le point d´attraction de la visite . Le Mont et sa baie sont classés au patrimoine mondial de l´UNESCO depuis 1979. La baie de Saint-Michel est le théâtre **des plus grandes marées** d´Europe continentale. Dès que le coefficient de marée dépasse 110, le Mont redevient une île, l´espace de quelques heures. Le rocher est alors coupé de ses accès. Il est fortement déconseillé de s´aventurer seul(e) dans la baie quand la marée est haute.

Le vieux port de Honfleur

Honfleur est une petite **ville portuaire** en Normandie, dans le département du Calvados. Honfleur est tout à côté du fameux pont de Normandie , reliant **Honfleur au Havre.**

Au XII ème siècle, Honfleur devient un **port à des retombées économiques majeures** de par le transit de marchandises au départ de Rouen vers **l´Angleterre.** Honfleur bénéficie d´une **position géographique stratégique** à partir de la guerre de cent ans (1337-1453). Charles V fortifia la bourgade pour que les anglais n´aient pas **accès à l´éstuaire.** Mais en 1357, le roi d´Angleterre pris possession de la ville de Honfleur.

Honfleur est surtout connue pour son vieux port pittoresque et ses maisons aux façades recouvertes d´ardoises. Elle a été représentée par des artistes comme Claude Monet , Eugène Boudin et bien d´autres encore.

La forêt de Montgeon

C´est un parc de la ville du Havre en Normandie. Il sagit du plus vaste espace vert de la ville. On y trouve des lacs, une serre tropicale, une volière et une faune sauvage

(lapins, renards, écureuils..)Un arboretum de conifères .

L´entrée est gratuite tous les jours. Grâce à ses terrains de football, ses aires de jeux et sa zone cavalière, la forêt de Montgeon est **l´un des centres de pratique du sport** pour les Havrais. Les sentiers dans les bois permettent des activités comme la randonnée, le jogging, le cross, la course d´orientation, le VTT, ect.

plage du Butin

Située à l´entrée de Honfleur en provenance de la route de la côte, la plage du Butin dispose de plusieurs facilités pour accueillir les touristes et les baigneurs locaux: des parkings, des aires de jeux, des douches, une paillote de restauration.

Les Villes pour découvrir La Normandie avec Zigzagvoyages.fr

ENTRAÎNEZ-VOUS !

Exercice 1 : Images et Représentations :

a. Situez Honfleur et le Havre sur la carte ?

b. Lisez les textes donnés sur chaque monument et soulignez leur importance pour la ville et le département ?

c. Parlez de quelques monuments intéréssents dans votre ville ou votre pays et leur intérêt à la fois économique et historique ?

d. Relevez les mots et expressions qui évoquent les idées suivantes :

- Loisirs pour enfants :
- Retour économique :
- Lieu de commerce :
- Beauté de la nature :
- Architecture :
- Résidence :
- Géographie :
- Religion :

Exercice 2 : Remplissez les places vides par les mots donnés

Une baie-bâtir-maritime -des conifères-des paillotes-un sanctuaire

1.La [ ] de Hudson au Canada communique avec l´Atlantique.

2.Le Bateau ivre est un monument commémoratif [ ] sur une dalle de granit à Marseille, dédié à Arthur Rimbaud.

3.La puissance [ ] réside dans la maîtrise des richesses de la mer .

4.Il a tout quitté pour acheter une [ ] sur une plage de sable fin et en a fait un restaurant au bord de la mer.

5. Les [ ] ont un poids économique principalement pour le bois et la production du papier.

6. La mosquée est [ ] sacré où les musulmans prient.

EXERCICE 3 : <u>Le Château de Chenonceaux</u>

1. **Qui a construit ce château ?**
2. **En quelle année a t-il été construit ?**
3. **Où est-il localisé ?**

Le Château de Chenonceaux

En quoi la forêt est-elle une thérapie?

L'arbre n'en finit pas de faire parler de lui. Plusieurs ouvrages paraissent en librairie sur les vertus thérapeutiques de la marche en forêt. Devenue sylvothérapie, elle mise sur le pouvoir bienfaisant de l'exposition aux substances produites par les arbres, les phytocides, des avonoïdes sécrétés pour se défendre d'éventuelles attaques. Ceux des pins, du cèdre, de l'eucalyptus, du bouleau et du peuplier auraient **un effet positif sur la santé,** notamment sur l'équilibre nerveux. L'atmosphère saturée de ions négatifs faciliterait la communication entre nos propres cellules.

Le bain de forêt

Au Japon, des dizaines de parcours-santé ont été créés depuis les années 1980. Il existe d'ailleurs une tradition, Shinrin-yoku, « bain de forêt », qui désigne ces marches thérapeutiques, lentes ou actives. Le biologiste Qing Li, associé à la Nippon Medical School à Tokyo, a mis en évidence chez des sujets une **baisse de**

l'adrénaline et du cortisol, synonyme de stress, après trois jours et deux nuits d'immersion en forêt, ainsi que le renforcement de leurs fonctions immunitaires, exprimé par la hausse des lymphocytes NK, les « cellules tueuses » qui ciblent les cellules malades.

De tout temps, la forêt a fasciné et effrayé les humains. À la fois source d'une peur ancestrale car peuplée de bêtes sauvages et de brigands, et de respect religieux, elle est devenue une ressource économique et un patrimoine naturel. Aujourd'hui, les gens stressés y trouvent **un lieu de ressourcement** ouvert à tous pour méditer, se détendre, retrouver de l'énergie, voyager, trouver l'inspiration…

Enlacer l'arbre et ressentir son énergie

C'est aussi un endroit pour réveiller ses cinq sens, y compris en caressant l'écorce des feuillus et des conifères. Enlacer un arbre, c'est, pour certains, comme prendre un grand frère dans ses bras, développer sa bienveillance et sa sensibilité. L'arbre est un être vivant, comme nous, qui fait le lien entre la terre et le ciel, traversé d'une énergie puissante. « Embrasser l'arbre » est d'ailleurs l'une des postures clés du **taï-chi**… La forêt est un lieu neutre, calme, qui propose un autre rythme, celui du vent dans les branches, d'une feuille qui tombe. Et quoi de plus rassurant que de s'adosser à un bon gros chêne, solidement enraciné.

Par Adélaide Robault
(ÇA M´INTÉRESSE , 2019)

3	**Difficulté**
2	**Temps verbaux simples et composés**
X	**Thème et Littérature pour jeunes**

ENTRAÎNEZ-VOUS !!

Exercice 1 : Lisez le texte puis ajoutez les lettres manquantes aux noms des arbres données :

1. Le C__ __ __e **2.** le __i__ **3.** L´e_c_l_p_ _s

4. Le __hê_e **5.** Le _aob_b

Exercice 2 : Complétez les phrases par le nom de l´arbre qui convient

1. L´arbre emblème de l´Afrique est [ ].

2. L´arbre conifère est le [ ].

3. Les arbres à croissance rapide et d´´origine australienne sont [ ].

4. L´arbre considéré le roi des arbres est [ ].

Exercice 3 : À VOUS LA PAROLE !

Quelles sont les bénéfices de la sylvothérapie mentionnés dans le texte. (10 lignes)

Le vocabulaire progressif du français

LEÇON 4:Entreprises et produits français

Le français c´est plus qu´une langue de cours, c´est aussi la langue du commerce et des affaires. Il y a pleins d´entreprises françaises multinationales éparpillées dans plus de 130 pays et qui cherchent des candidats francophones pour joindre leurs entreprises. En voilà quelques unes: la banque BNP Paribas, Casino pour la distribution alimentaire, le Groupe Carrefour, Danone dans l´agro-alimentaire, Airbus pour l´aéronautique, Société générale pour la banque française autour du monde, Crédit agricole, Renault, Air France KLM, L´Oréal, Chistian Dior, Citroën, Sanofi, Louis Vuitton, la banque HSBC, L´AEFE-Réseau Scolaire Mondial, Ferrandi, ENCG et le HEC-réseaux internationaux de l´enseignement supérieur, Kraft-food, Weiss chocolatier, Suchard, Poulain, Monbana, Le Fnac, Gilbert Lejeune, ect.

I-L´Industrie du chocolat et la publicité:

CHOC! Suchard fait sa pub L'industrie du chocolat est très dynamique sur le plan publicitaire. Au début du 20e siècle, les entreprises publicitaires recourent aux affiches pour de la publicité et faire connaître la marque du chocolat. Suchard recrute des artistes spécialisés pour la création de ses affiches, puis fait appel à des agences de publicité suisses et étrangères. Bien que la base du chocolat - le cacao - vienne de pays lointains, ce produit est devenu le symbole de la Suisse bien qu´on l´achète en France ou au Brésil. La diversité des emballages et des affiches ou des spots publicitaires à la télé montrent l'évolution de la publicité chez Suchard.

Entraînez-Vous!

EXERCICE 1: Vocabulaire publicitaire

1.Examinez les deux affiches de publicité de Suchard et dites ce que Suchard utilise sur l´affiche pour montrer ses cibles publicitaires?

2. Pourquoi ces motifs:

a. Pour permetttre à un public diversifié de s´identifier avec la marque.

b. Pour que ces individus s´identifient avec la marque

c. Sans trop y penser.

3. Dans les autres marques de chocolat, quels autres personnages sont exploités dans les publicités?

4. Dans quels lieux voyez-vous les affiches du chocolat Suchard ou autre?

EXERCICE 2: À toi de créer une affiche!

Dessine ta propre affiche pour fêter les 200 ans de Suchard. Choisis un slogan accrocheur.

II- L´industrie des cosmétiques et la publicité

L'industrie cosmétique est un des atouts majeurs de l'économie française. En effet, elle représente plus de 55 000 emplois.

C'est le deuxième secteur exportateur net après l'aéronautique.

La France est un réel leader mondial dans ce secteur. Les parfums et les cosmétiques sont de renommés mondiales. La qualité des marques « made in France » sont appréciés mondialement.

En 2016, ce secteur comptait pour 1 milliards d'euros de chiffre d'affaires.

www.fr.statista.com/secteur des cosmétiques

3 **Difficulté**

2 **Temps verbaux simples et composés**

X **Thème et Littérature pour jeunes**

L´autorité de la régulation professionnelle de la publicité

L'ARPP donne des limites aux industriels, pour offrir aux consommateurs une publicité non trompeuse, et pour leur permettre de faire des choix éclairés, en connaissance de cause. Néanmoins, l'autorité a bien conscience de l'aspect « glamour » des cosmétiques (surtout les français!) et de cette propension à « vendre du rêve ». L'exagération, notamment des images utilisées dans ces publicités, est donc tolérée. C'est ce qu'explique Stéphane Martin, Directeur Général de l'ARPP : « En France, la retouche de photos est un outil qui fait partie de l'expression d'un message publicitaire. La valorisation et l'emphase sont communément admises. Nous appliquons le principe de la preuve. La marque doit pouvoir présenter les preuves scientifiques de la performance de ses produits. Par ailleurs, les allégations de la publicité doivent être loyales. On ne peut jouer que sur l'apparence, pas sur des changements profonds.»

(www.arpp.org)

Entraînez-Vous!

EXERCICE 1: Un jeu de mémoire.

Reliez chaque photo à la carte qui lui correspond. Prononcez les mots correctement.

1. 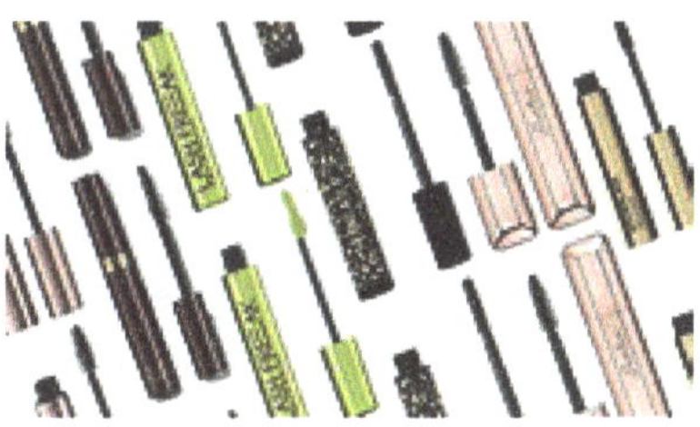

2. 

3. 

4. 

5. 

6. 

7. 

8. 

Le fard à paupières

Le rouge à lèvres

Le vernis à ongles

Le mascara

Le fond de teint

Le correcteur de teint

Le fard à joues

Le crayon à lèvres

EXERCICE 2: Complétez les phrases suivantes par le mot approprié. Aidez-vous des textes ci-dessus sur l´industrie du chocolat, l´industrie des cosmétiques, l´autorité de la régulation professionnelle de la publicité:

1.Les entreprises publicitaires recourent__________________.

2.Les ________________ publicitaires font les pubs.

3.L´industrie cosmétique est le deuxième____________ exportateur.

4. La qualité des __________sont appréciés mondialement.

5. L´ARPP donne des __________________ aux industriels.

6. Une publicité ___________________ ment aux consommateurs.

7. Les agences appliquent le principe __________________.

8. La ______________ de photos est un outil qui fait partie de l´expression d´un message publicitaire.

EXERCICE 3: Le Projet Communicatif

Travaillez en groupe de 3 personnes. Faites un jingle pour le parfum que votre entreprise française va lancer. Donnez un nom à votre parfum. Une odeur à base d´une fleur qui serait votre préférée et vantez ses mérites et le glamour qu´il offre à la place des autres marques de parfums. N´oubliez pas non plus de spécifier si c´est pour hommes ou femmes et combien ça va coûter? Vous pouvez utiliser deux mannequins pour la pub. Enregistrez le tout sur votre caméra/clé USB et présentez sur le tableau blanc interactif (TBI)

III. **Le Secteur Financier:**

Le guichet automatique

La carte bancaire est le moyen de paiement privilégié des Français. Les clients doivent rester vigilants et garder des réflexes de sécurité lors **du retrait d´argent au guichet automatique.** En cas **de vol, perte ou piratage** de la carte bancaire, appelez le gérent de votre compte bancaire.

Il existe sept billets de 5, 10, 20, 50, 100, 200 et 500 euros, qui ont chacun des dimensions différentes et une couleur dominante qui leur est propre. Ils sont identiques dans toute la zone euro.

Les pièces

Il existe huit pièces de 1, 2, 5, 10, 20, 50 centimes et 1 et 2 euros. Elles possèdent des revers identiques dans toute la zone euro et des faces nationales distinctes par pays.

Entraînez-Vous!

EXERCICE 1: Les affirmations suivantes sont Vraies ou Fausses?

1.Le retrait d´argent se fait au guichet automatique.

☐ Vrai ☐ Faux

2.Les Français préfèrent le paiement en espèces.

☐ Vrai ☐ Faux

3.Les gens sans compte de dépôt sont payés en argent liquide.

☐ Vrai ☐ Faux

4.Les cartes bancaires à puces offrent moins de risque de piraterie.

☐ Vrai ☐ Faux

Le toit de la Grande Arche. La Defense à Paris.

EXERCICE 2: Trouvez la signification des expressions suivantes se reliant à l´argent. Employez-les après dans des mini-conversations avec votre partenaire.

1. Je suis fauché.
2. L´argent ne fait pas le bonheur.
3. l´argent n´a pas d´odeur mais sent les profiteurs.
4. Le luxe est une affaire d´argent.
5. Le manque d´argent est la racine de tout mal.
6. L´argent est un bon serviteur mais un mauvais maitre.
7. L´argent de poche .
8. la parole est d´argent mais le silence est d´or.
9. Jeter l´argent par les fenêtres.

EXERCICE 3: Le Jeu du morpion

Jouez le jeu du morpion à deux et faites 3 ronds ou trois croix pour gagner le jeu. Chaque joueur lis la quantité d´argent dans le billet ou la pièce de monnaie. Si les deux joueurs complètent 3 cases horizontales, verticales ou diagonales en même temps, **ils crient:** Morpion!

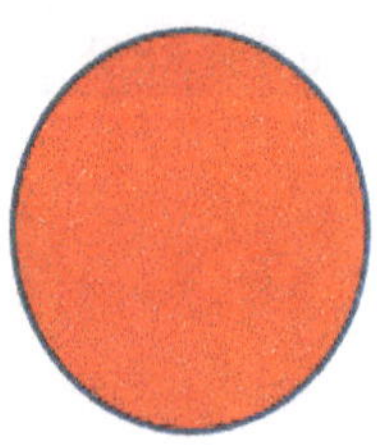

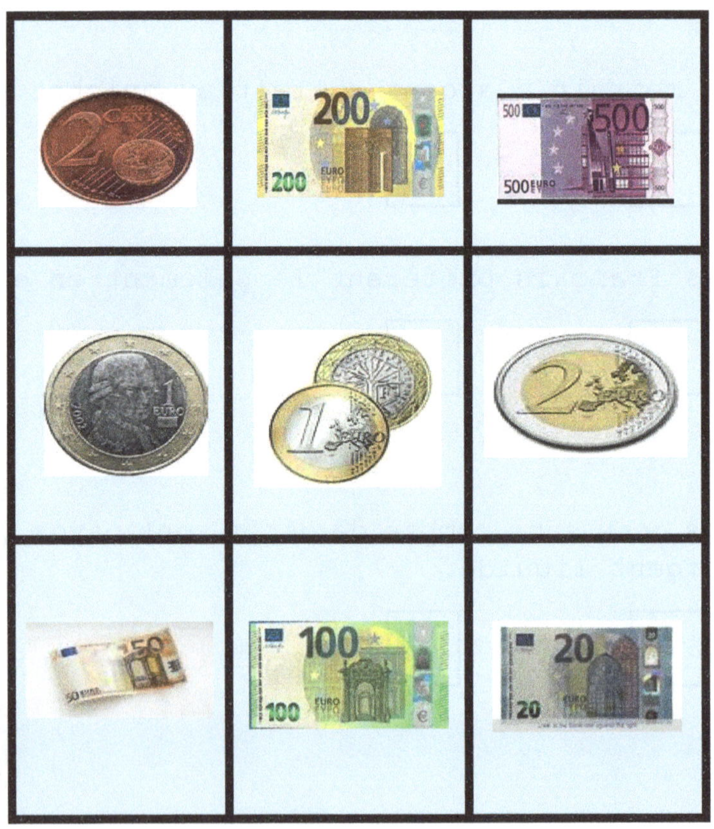

DOSSIER VIII

FAIRE UM RÉSUMÉ

CONSIDÉRATIONS DIDACTIQUES:

Résumer un article, une leçon de géographie ou une leçon d´Histoire est un exercice qui consiste à réduire les répétitions du texte et les informations superflues au sens du texte. Le texte résumé est toujours plus court mais sans pour autant modifier le sens du texte de départ et rend la tâche journalière d´étudier et de marquer plus facile. Il ne faut pas se préoccuper si votre résumé est différent de celui de votre camarade de cours.

Il faudra dans un premier temps suivre les étapes suivantes:

1. Lire , expliquer les mots difficiles du texte et comprendre sa signification générale.
2. Définir les idées pertinentes de chaque paragraphe en paraphrasant au maximum les mots du texte.
3. Éliminer les adjectifs, les adverbes et les idées qui se répètent pour élaborer l´idée principale.
4. Utiliser des synonymes plus simplifiés lors de la rédaction du résumé

TEXTE 1: LECTURE ET RÉSUMÉ

Lisez le texte suivant. Éliminez les mots qui ne sont pas nécessaires et définissez les idées principales.

Grande conso

Pourquoi Picard investit le marché de la consommation immédiate avec Deliveroo

La marque préférée des Français en 2021 se lance dans la livraison à domicile.

En moins de 15 minutes, dégustez un poulet curry coco ou un moelleux au chocolat tout droit venu du magasin Picard le plus proche de chez vous. C'est la promesse que fait l'enseigne, ce lundi 15 novembre, lorsqu'elle annonce son partenariat avec Deliveroo. Désormais, il sera possible de se faire livrer rapidement plus de 210 produits dans 110 villes en France. Cette déclaration s'inscrit dans la stratégie numérique mise en oeuvre par la directrice du digital, Emmanuelle Bach Donnard, et qui découle du plan de croissance Proxima, mis en place par la nouvelle direction, nommée en 2020.

Cette trajectoire de digitalisation, l'entreprise se devait de l'emprunter selon Philippe Goetzmann, expert en commerce. "Cela fait deux à trois ans que les acteurs de la grande distribution s'associent aux plateformes de livraison. Toutes les grandes surfaces s'y sont mises." Carrefour [qui a récemment investi dans Cajoo,] et Casino sont sur Uber Eats et Deliveroo, Système U sur La belle vie et Auchan propose son propre service de livraison en 15 minutes.

D'après LSA, la part de marché du *quick commerce* sur les produits de grande consommation est encore faible. L'e-commerce n'en représenterait que 8,7%, dont 0,5% pour les plateformes de livraisons à domicile. Mais cette tendance s'accroît rapidement(...)

(Quentin Halbout, Challenges France, 2021)

1 **Difficulté**
2 **Temps verbaux simples et composés**
3 **Thème et biblio jeunesse**

LE RÉSUMÉ-MODÈLE

Déguster un repas en moins de 15 minutes en livraison rapide par Deliveroo tout droit venu du magasin Picard, son partenaire. Désormais, il sera possible de se faire livrer rapidement plus de 210 produits dans 110 villes en France et cela découle du plan de croissance Proxima mis en place par la nouvelle direction.

Selon Philippe Goetzmann les acteurs de la grande distribution s´associent aux plateformes de livraison depuis 3 ans déjà. Carrefour a inversti dans Cajoo. Casino est sur Uber eats et Deliveroo, Auchan aussi fait des livraisons rapides en 15 minutes.

D´après LSA, la part du marché du quick commerce sur les produits à grande consommations est encore faible, seulement 0.8% des livraisons à domicile.

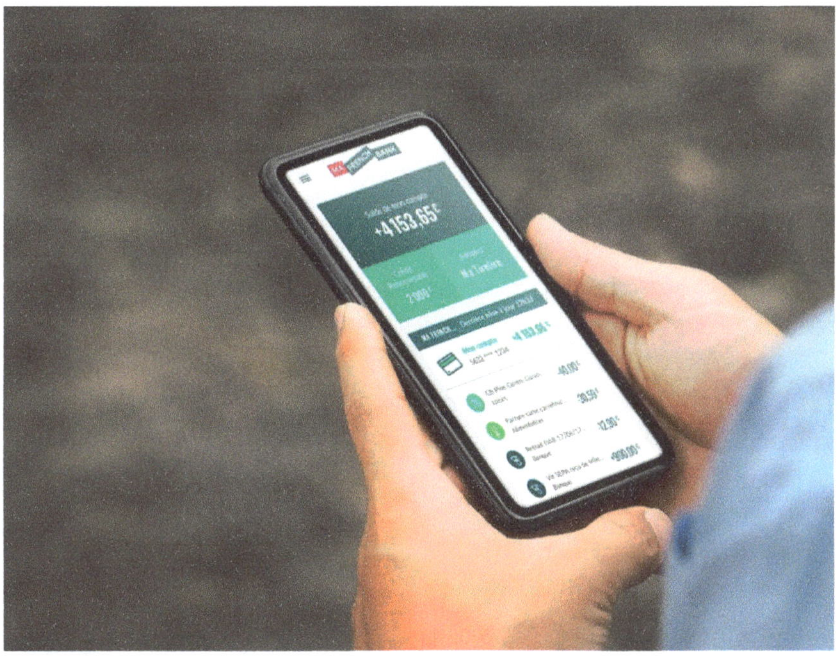

Texte 2: LECTURE ET RÉSUMÉ

Lisez le texte suivant. Éliminez les mots qui ne sont pas nécessaires et rédigez votre résumé. Ne supprimez pas les idées pertinentes.

Banques

La Banque Postale a annoncé lundi le lancement de «Ma French Bank"

Deux services innovants seront également proposés, **«Ma Tirelire»**, pour paramétrer la constitution automatique d'une réserve d'argent disponible, et **«Mon Extra Prêt»**, une ligne de crédit renouvelable versé instantanément sur le compte et remboursable sans frais

La Banque Postale a annoncé lundi le lancement de «Ma French Bank», son service 100% mobile «pour répondre aux nouveaux usages bancaires» et concurrencer une offre déjà nourrie de néobanques et banques en ligne.

L'offre sera proposée en ligne ou en agence au prix mensuel de deux euros et permettra, outre l'ouverture d'un compte, de bénéficier d'une carte de paiement international, d'effectuer des virements par SMS et des paiements mobiles via une application, d'avoir accès à «une cagnotte gratuite et sans commission».

Deux services innovants seront également proposés, «*Ma Tirelire*», pour paramétrer la constitution automatique d'une réserve d'argent disponible, et «*Mon Extra Prêt*», une ligne de crédit renouvelable versé instantanément sur le compte et remboursable sans frais.

Le groupe assure dans un communiqué avoir testé avec succès auprès de ses collaborateurs cette offre «qui s'adresse plus particulièrement à une cible connectée, en quête d'autonomie et de services du quotidien directement sur le téléphone mobile» avant d'étendre sa commercialisation auprès du grand public.

Assurances supplémentaires

Des assurances supplémentaires pourront être obtenues au prix de deux euros mensuels supplémentaires.

Des conseillers téléphoniques du service client seront basés à Lille et opérationnels tous les jours jusqu'à 22h00 sauf le dimanche.

«On vise plus d'un million de clients d'ici cinq ans pour Ma French Bank. Si on atteint cet objectif, on aura dépassé le point mort» du seuil de rentabilité, avait expliqué mi-mai Rémy Weber, président du directoire de la Banque postale.

Le groupe avait annoncé avoir déjà investi 100 millions d'euros dans le développement de sa banque mobile pour lui permettre de prendre pied dans ce secteur et combler une partie du retard pris sur une concurrence déjà nombreuse.

(Esther Quentin, Challenges France, 2018)

1 **Difficulté**

2 **Temps verbaux simples et composés**

3 **Thème et biblio jeunesse**

LE TEXTE RÉSUMÉ:

Texte 3: LECTURE ET RÉSUMÉ

Lisez le texte suivant. Éliminez les mots qui ne sont pas nécessaires et rédigez votre résumé. Ne supprimez pas les idées pertinentes.

Réchauffement climatique: les dangers qui pèsent sur la santé humaine ont un coût

Plus de 300.000. C'est le nombre de décès prématurés provoqués en 2019 par la pollution aux particules fines, rien qu'en Europe, selon un récent rapport de l'Agence européenne de l'environnement. Si ce chiffre baisse chaque année, il n'en demeure pas moins impressionnant. En réponse, l'OMS a fixé en septembre 2021 de nouveaux seuils de référence pour les principaux polluants atmosphériques, notamment les particules fines, l'ozone, le dioxyde d'azote et le dioxyde de soufre.

Le lien entre pollution atmosphérique et maladies cardiovasculaires

«C'est une très bonne nouvelle, mais il ne faut pas penser qu'en dessous de ces seuils tout va bien, on aura toujours un effet de la pollution sur la santé», avertit Jocelyne Just, pneumo-allergologue. Un impact d'autant plus important lors des pics de pollution, *«on le voit bien aux urgences, chaque épisode entraîne une augmentation des venues pour asthme sévère, mais aussi pour maladies cardiovasculaires»*, confie l'allergologue. Ce lien entre pollution atmosphérique et maladies cardiovasculaires a pu être mis en évidence en Chine durant le confinement. «La baisse des transports a entraîné celle de la pollution aux particules fines et dans le même temps, on a observé moins de cas d'infarctus ou d'hypertension. On a ainsi pu démontrer la corrélation entre la pollution et ces maladies cardiovasculaires», explique Jocelyne Just. La pollution de fond a donc elle aussi, comme les pics, un impact sur la santé humaine. «Les plus exposés sont les enfants, chez qui on observe des retards de croissance pulmonaires ou encore l'apparition de maladies chroniques», s'inquiète ce médecin, qui est également pédiatre.

Les impacts de la pollution sur la santé sont plus finement mis en évidence et avec eux, leurs coûts. Dans une étude datant d'octobre 2020, l'Alliance européenne de santé publique (EPHA) a estimé à 770 euros par an et par Français le prix de la pollution atmosphérique. «Cela donne un ordre d'idée, mais estimer ce que coûte la pollution de façon exacte est quasi-impossible», nuance Maria-Eugenia Sanin, maître de conférence en économie. La pollution entraîne des dépenses tangibles : celles des remboursements par l'Assurance-maladie, entre autres. Le rapport de la commission d'enquête sur le coût économique et financier de la pollution de l'air, publié en 2015, l'estime à 3 milliards d'euros par an.

Vers un allongement des saisons polliniques

Mais il y a aussi une valeur intangible ! «Elle est beaucoup plus compliquée à évaluer. Lorsque qu'une personne décède trois ans avant son espérance de vie à cause de la pollution, il y a une perte directement monétisable : ce qu'il aurait pu consommer pendant ces trois ans par exemple. Mais la vie étant imprévisible ce ne peut être qu'une approximation», explique Maria-Eugenia Sanin. Des approximations de nature, pourtant, à avoir une idée des économies susceptibles d'être réalisées avec des mesures luttant contre cette pollution. Dans le même rapport de la commission, le gain annuel net est estimé à plus de 11 milliards d'euros. «*La transformation de notre société aura certes un coût à court terme, mais plusieurs études montrent qu'agir générera à longue échéance des gains. Et il faut agir vite, car les conséquences deviennent de plus en plus importantes*», avertit Maria-Eugenia Sanin.

En effet, le réchauffement climatique, causé par la pollution aux gaz à effet de serre, pourrait aggraver la situation. «*L'augmentation de la température entraîne une modification des pollens et un allongement des saisons polliniques, s'inquiète Jocelyne Just. Avant, on avait beaucoup de rhinites, mais aujourd'hui on voit plus de personne avec de l'asthme dû aux pollens. Les pollinoses sont plus fréquentes et plus graves*», s'inquiète Jocelyne Just. Le réchauffement favorise également la production d'ozone ou encore les feux de forêts dont les émissions de particules sont très dangereuses pour la santé. «*On parle des effets du changement climatique sur les intempéries ou les migrations, mais on oublie de parler de santé humaine. Elle sera pourtant elle aussi très impactée*», alerte Jocelyne Just.

(challenges France, 2021)

1 **Difficulté**

2 **Temps verbaux simples et composés**

3 **Thème et biblio jeunesse**

LE TEXTE RÉSUMÉ

Texte 4: LECTURE ET RÉSUMÉ

Lisez le texte suivant. Éliminez les mots qui ne sont pas nécessaires et rédigez votre résumé. Ne supprimez pas les idées pertinentes.

Egalité salariale: les femmes travailleront gratuitement à partir de mercredi

Selon le collectif féministe «Les Glorieuses», les femmes travailleront gratuitement à partir de ce mercredi 4 novembre, 9h22. Soit un jour et 7 heures plus tôt que l'année dernière.

Selon les «Glorieuses», l'inégalité salariale se creuse.

Les femmes commenceront, mercredi 3 novembre à 9h22, à «travailler gratuitement» du fait des inégalités salariales persistantes, selon la lettre d'information féministe «Les Glorieuses», qui lance un appel aux candidats à la présidentielle pour résorber cet écart.

Cette date et cette heure symboliques ont été calculées, comme chaque année depuis 2015, à partir de statistiques européennes sur l'écart de salaire entre les femmes et les hommes en France. Cette année, la différence atteint 16,5%, contre 15,5% l'an dernier, avec une date déterminée alors au 4 novembre à 16h16.

«L'inégalité salariale se creuse», déplore dans un communiqué l'économiste Rebecca Amsellem, fondatrice des «Glorieuses», pour qui «des mesures concrètes doivent être mises en place dès aujourd'hui afin d'éviter d'attendre 2234 pour voir naître l'égalité salariale.»

«L'égalité coûte de l'argent»

Dans une série de propositions, soumises aux candidats à l'élection présidentielle de 2022, «Les Glorieuses» demandent que l'accès des entreprises aux subventions et marchés publics soit conditionné à des progrès en la matière.

Il importe également de «revaloriser les salaires des emplois où les femmes sont les plus nombreuses», par exemple les infirmières et les sages-femmes, insistent les «Glorieuses», qui plaident par ailleurs pour que le congé paternité dure aussi longtemps que le congé maternité.

«Oui, l'égalité coûte de l'argent», a observé Mme Amsellem, mais «il en va de même pour sauver l'industrie aéronautique. Et c'est un choix que le gouvernement est en mesure de faire pour ses citoyens et citoyennes.»

(Challenges France, 2021)

1 Difficulté

2 Temps verbaux simples et composés

3 Thème et biblio jeunesse

LE RÉSUMÉ DU TEXTE

DOSSIER IX

OBJECTIF: Le jeu de parcours de l´oie blanche

Thèmes: Le métro,Les artistes et les oeuvres d´art, Les repas et la nourriture, l´anniversaire, les vêtements

Les Instructions :

Case bénéfique :

Une oie blanche : Avancez par deux fois le nombre de points sur le dé. Oie bénéfique.

Cases hasardeuses

Le labyrinthe : Retourner à la case où vous étiez.

La Prison : Attendez l´arrivée d´un partenanire pour vous libérer.

La mort : Recommencez dès le départ.

Le nuage : Vous perdez le tour. Reposez-vous !

LE MÉTRO PARISIEN

Le départ 1.

Les portes des ____ restent ouvertes. 2

La ______arrive. 4

Les lignes de métro à Paris ont des___? 5

Aux heures de ___c´est difficile! 6

Le bout de la ligne Porte Maillot va .7

Le rectangle veut dire _____. 8

On____le ticket. 9

On introduit le ticket au__? 10

Je____à la place étoile. 11

Le train a 8 _____. 12

Il faudra se maintenir___d es quais. 13

Rester_____ou assis. 15

Le métro de Paris est le plus___. 16

Je descends à ______. 17

Je prends deux lignes pour aller à----.18

Des fois on vous____sur les pieds. 20

Quand c´est _____je prends le prochain. 22

C´est chouette! Le métro ça___! 23

Je descends____à Châtelet. 24

On attend le métro sur le___? 25

L´arrivée 26

LES REPAS ET LA NOURRITURE

LES VÊTEMENTS ET ACCESSOIRES

Le départ

Un magasin de vêtement en France. 1

On essaie les vêtements dans____________ 2.

Un vêtement pour le froid.
3.

Un vêtement pour la chaleur.
4.

Un accessoire pour les pantalons.
5.

Un accessoire pour le cou .
6.

Un accessoire pour les cheveux.
7.

Une chaussure pour le sport.
8.

9.

Un vêtement de sport.
10.

Un vêtement de piscine.
11.

Un vêtement pour cérémonie.
12.

Je
(porter).
13.

Un accessoire pour les mains.
16.

Un vêtement d´enfants.
17.

Un vêtement d´hommes.
18.

Elle (se changer) la porte fermée.
19.

Un vêtement pour dormir.
21

Un vêtemnt intime féminin.
22.

Quelle taille fais-tu?
23.

L´arrivée
24,

Le départ

Décoration pour la fête.

Nomme 2 biscuits.

Un thème de fête

Endroit pour se réunir.

Idées de cadeaux.

Accessoires pour accmpagner la tenue .

Couleurs de ballons

Recevoir des gens, bénéfices?

Quelle musique?

Boissons pour la fête.

Nomme une tarte?

Quelle taille fais-tu?

Organiser une fête, c´est bien?

Une carte d´anniversaire

L´anniversaire au travail?

Une fête en pleine semaine?

Chanter: Joyeux anniversaire

C´est quand ton anniversaire?

L´arrivée

JOYEUX ANNIVERSAIRE !

LES ARTISTES ET LES OEUVRES D´ART

CONVERSATIONS

PRATIQUES DE L´ORAL

DOSSIER X

PRATIQUES DE L´ORAL

- ✓ Parler de son expérience professionnelle
- ✓ Parler des métiers
- ✓ Quoi dire lors d´un entretien d´embauche
- ✓ Parler de son régime alimentaire
- ✓ S´expliquer de son comportement
- ✓ Parler de musique et de danses
- ✓ Parler des manifestations et des revendications des manifestants
- ✓ Parler du cinéma, des affiches et des bandes-annonces
- ✓ Quoi manger et quoi boire dans un café
- ✓ Le bizutage dans les grandes écoles et l´esprit de solidarité

Dialogue 1 : Un entretien d´embauche

Voilà un entretien d´embauche entre Phileas Fogg, un français installé au Royaume-Uni et le domestique Passepartout qui est venu faire l´entretien :

(...)

En ce moment, on frappe à la porte du petit salon dans lequel se tenait Phileas Fogg. James Forster, **le congédié**, apparait.

James Forster :« Le nouveau **domestique** »

Un garçon âgé d'une trentaine d'années se montre et salue.

Phileas Fogg : « Vous êtes Français et vous vous nommez John ? »

Passepartout - Jean, n'en déplaise à monsieur, Jean Passepartout, un surnom qui m'est resté, et que justifiait mon aptitude naturelle à me tirer d'affaire. Je crois être **un honnête garçon**, monsieur, mais, pour être franc,j'ai fait **plusieurs métiers**. J'ai été **chanteur ambulant, écuyer dans un cirque, faisant de la voltige comme Léotard, et dansant sur la corde comme Blondin ; puis je suis devenu professeur de gymnastique**, afin de rendre mes **talents** plus utiles, et, en dernier lieu, j'étais **sergent de pompiers**, à Paris. J'ai même dans mon dossier des incendies remarquables. Mais voilà cinq ans que j'ai quitté la France et que, voulant goûter de la vie de famille, je suis **valet de chambre en Angleterre**. Je me présente chez monsieur avec l'espérance d'y vivre tranquille et d'oublier jusqu'à ce nom de Passepartout...

Phileas Fogg :- Passepartout me convient. Vous m'êtes recommandé. J'ai de bons renseignements sur votre compte. Vous connaissez mes conditions ?

Passepartout :- Oui, monsieur. - Bien. Quelle heure avez-vous ?

Phileas Fogg - Onze heures et demie.

Jules Vernes, Le Tour du monde en 80 jours, ch1. Ed. Biblio éléctronique du Québéc.

Exercice 1 : Trouvez les répliques ou questions qui manquent :

Phileas Fogg : « Vous êtes Français et vous vous nommez John ?

Passpartout :

Phileas Fogg : Vous connaissez mes conditions?

Passpartout :

Exercice 2:

Lexique :

Lexique des métiers et de l´emploi

Congédier
Embaucher
Talents
Professeur de gymnastique
Ecuyer dans un cirque
Valet de chambre
Sergent pompier
Heure réglementaire

Utilisez le lexique présenté dans le dialogue ci-dessus dans des phrases. Verbalisez-les puis laissez-les notées :

1.
2.
3.
4.
5.
6.
7.
8.

Dialogue#2 :

Jean s´alimente mal

M. Duretour et sa bonne Céleste ne s´entendent pas dans ce dialogue sur le régime de Jean.

Célèste :-Peut-on élever un enfant comme ça ? Vous en ferez un joli singe.

M.Duretour achetait et apportait sans cesse les joujoux convoités par le petit et il le nourrissait de gâteaux et de bonbons. Céléste alors s´emportait et criait :

Célèste :-C´est une honte, monsieur, une honte. Vous faites le malheur de cet enfant, entendez-vous. Mais il faudra bien que cela finisse.

Mr. Duretour :-Oui, oui ça finira je vous le dis, je vous le promets et pas avant longtemps.

Jean était faible, un peu malade. Le médecin a constaté de l´anémie, a ordonné du fer, de la viande rouge et de la soupe grasse. Or le petit n´aimait que les gâteaux et le père, déséspéré, le bourrait de tartes à la crème et d´éclairs au chocolat.

Guy de Maupassant, La Parure, « Le petit » p.p13-16, Ed.Les classiques du 38, 2015

Exercice 1 :

Des mots mêlés. Démelez les mots retirés du dialogue :

1.

P	O	S	U	E	A	L

2.

U	R	G	E	O	D	V	A	N	I	E

3.

R	M	É	T	R	A	C	E	T	E	À

4.

R	L	É	A	C	I	S	E	S	E	L

Exercice 2 :

Lexique de la nourriture
La viande rouge
La soupe
Les gâteaux
Les tartes à la crème
Les éclairs au chocolat
Se nourrir
Les bonbons
Etre faible
Malade

Lisez le lexique du tableau retiré du dialogue et faites des phrases utilisant chaque mot du lexique :

1.
2.
3.
4.
5.
6.
7.
8.
9.

Dialogue#3

Hubert s´explique à son parrain

Mr. Scilly converse avec son filleuil pour lui expliquer **les problèmes qu´il donne à sa mère et à sa grand-mère :**

Hubert :-« Ne m´interrogez pas, mon parrain, je vous donne ma parole d´honneur que je ne suis pas coupable, seulement je ne peux pas vous expliquer. Le malentendu qui fait que je leur suis un objet de peine. Je ne le peux pas...**je suis sortie plus souvent que d´habitude et c´est là mon seul crime.**

Mr. Scilly :-Tu ne me dis pas toute la vérité réplique Scilly, adouci par l´évidente douleur du jeune homme. Ta mère et ta grand-mère te veulent par trop dans leurs jupons, cela je l´ai toujours pensé. On t´aurait élevé plus durement si j´avais été ton père. Les femmes ne s´y entendent pas à former un homme.

(...)

Hubert :-Je vous affirme, mon parrain qu´il n´y a dans ma conduite rien dont je doive avoir honte. C´est la première fois que **ni ma mère ni ma grand-mère ne me comprennent**...mais je ne leur céderai pas sur le point où nous sommes en lutte. Elles y sont injustes, affreusement injustes (...) **mon parrain, pouvez-vous me prêter 500 euros ?**

Mr. Scilly :-Tu as joué ?

Hubert :-Non, mon parrain (...) **j´ai tout simplement dépensé ces mois-ci plus que ma pension ; j´ai des dettes** à régler et , il a ajouté, **je pars après demain pour l´Angleterre.**

Mr. Scilly -Et ta mère sait de ce voyage ?

Hubert :-Sans doute, **je vais passer quinze jours à Londres chez mon ami de l´ambassade**, Emmanuel Devoy que vous connaissez.

Mr. Scilly :-Si ta mère te laisse partir (...) c´est que ta conduite à Paris la fait cruellement souffrir, réponds-moi avec franchise, tu as une maîtresse ?

Hubert :-Non, a répondu Hubert (...) Ah mon parrain (...) vous ne connaissez pas les exigences de la vie du monde. Tenez hier, j´ai rendu à dîner au café Anglais à trois amis, c´est tout près de 50 euros. J´ai envoyé plusieurs bouquets, pris des voitures pour aller à la campagne, donné quelques souvenirs. On est si vite à bout de ces cinq billets de banque ? Bref, je vous le répète, **j´ai des dettes que je veux payer. J´ai à suffire aux frais de mon voyage et je ne veux pas m´adresser à ma mère en ce moment ni à ma grand-mère**(...)

Bourget, Paul. Énigme Cruelle, BNF,Paris, 1885

Exercice 1 : Des virelangues

Continuez cette virelangue autant que vous le pouvez avec vos camarades de classe et inventez d´autres :

Porte qui ouvre, ouvrier agricole, colle les heures de travail, veille sur sa fille, file d´attente, tente courrir, rire le détend, tends-moi la main, maintes reprises pour réussir,....

Exercice 2 : Hagar l´islandais est allé boire une bière avec ses amis, Helga son épouse, Homelet son fils, sa fille Honi adolescente et son compagnon Eddie.

Identifiez les différences entre les deux photos. Il y a 5 différences. Verbalisez-les puis notez-les par écrit.

Exercice 3 : Lisez le lexique du tableau retiré du dialogue et faites des phrases utilisant chaque mot du lexique :

Lexique
Interroger S´expliquer Parole d´honneur Malentendu Sortir plus que d´habitude Élever plus durement Dépenser plus que ma pension Avoir des dettes Ta conduite Payer mes dettes Prêter de l´argent

1.
2.
3.
4.
5.
6.
7.
8.
9.
10.
11.

Dialogue#4 : Les leçons de musique de Meryial

M. Neyrial :-Cette fois, le piano à peine arrêté, « Ça y est ! » vous n´avez pas fait une faute, Melle Favya.

Renée :-Savez-vous que nous avons joliment travaillé ce matin, Monsieur Neyrial ?, Scottish, Espagnole, Pastorale, Java et pour finir Fox-blues, c´est quatre danses que j´ai eues dans les jambes maintenant. Je continue à préférer le Tango. Ces airs espagnols sont surprenants. On les sent passer dans ses gestes. Ce n´est pas comme la Samba. »

M. Neyrial :-Moi non plus dit le jeune homme, je ne l´aime pas beaucoup. Tournée pourtant elle a son charme. Sautée elle devient trop vite excentrique.

Mlle Favy :-À la bonne heure, dit Mlle. Voilà ce que j´apprécie en vous, monsieur Neyrial. Vous gardez du goût dans ces danses modernes, elles en manquent si facillement

M. Neyrial :-C´est que je considère la danse comme un art. La danse c´est le rythme, c´est la mesure, c´est la beauté du mouvement, ce que mademoiselle vient de dire si justement de la musique gesticulée.

Mlle Favy :-Quel dommage ! que tous vos confrères ne pensent pas de même ! je vous avoue quand Renée m´a demandée à prendre des leçons avec vous, j´ai eu un peu peur. Pensez donc. De mon temps, nous ne connaissons que le quadrille, le polka, la valse.

René :-Je vous l´ai dit aussitôt maman qu´avec M. Neyrial ces danses d´aujourd´hui qui vous déplaisent s´énnoblissent, s´idéalisent...

Bourget, Paul. Le Danseur mondain, BNF, Paris, 1926

Le Danseur Mondain

Horizontal:

1.Sa profession est la danse.
2.Danser en tournant sur lui-même.
5.Utiliser des gestes.
6.Donner cours

Vertical

3.Relatif à la société.

4.Danse de bal argentine.

7.Avoir la danse dans ___________.

8.Danse à quatre couples

Dialogue#5 : Des mouvements sociaux : les gilets jaunes

À l´avenue des Champs Elysées, les manifestants venus nombreux des zones rurales et périurbaines portent tous des gilets jaunes pour se plaindre. Des slogans affichent leurs demandes du gouvenment français. Beaucoup de tensions et de confrontement. En 3 semaines, ils ont secoué la France et menacé le pouvoir.

Cédric : On a marre de la hausse des prix et de la modicité de nos salaires !

Antonio : Je gagne 700 euros, ce n´est pas une vie, je me prive de tout, je ne fais plus de sortie, je dois calculer au centime près !

Alain : La taxe intérieure des carburants automobiles est ultra-élevée et ne prend pas en compte les classes populaires.

Julie : Nous voulons Macron hors du pouvoir et nous exigeons le retour de la taxe sur la fortune.

Jacqueline : J´ai 63 ans je cherche un emploi, je ne peux pas avoir ma retraite, je veux un peu plus d´argent sur mon compte. Macron c´est le président des riches, les pauvres n´existent pas !

Claire : Par contre l´instauration du référendum de l´initiative citoyenne doit être restauré.

Sophie et Marie : Trop de taxes !

Philippe et Jérôme : Augmentation de salaire !

Madame Nina et Monsieur Charles : Plus de cotisation pour notre retraite !

Autres manifestants : Routes bloquées, ronds-points envahis, nos droits remis ou nous brûlerons toutes les poubelles, les voitures et les scooters garés dans la rue, nous mettrons le feu dans les sapins de Noël. On est en colère !

Les CRS et les gendarmes ont fait plusieurs blessés, les camions lanceurs d´eau viennent éteindre le feu et la cour de justice a décrété la prison de plusieurs manifestants qui ont commis du vandalisme des magasins, voitures et propriétés publiques et le président Macron a suspendu la taxe du conbustible pour 6 mois.

Entraînez-Vous !

Exercice 1 :

Identifiez les mots tirés du texte dans les rébus suivants :

1. 

2. 

3. 

4. 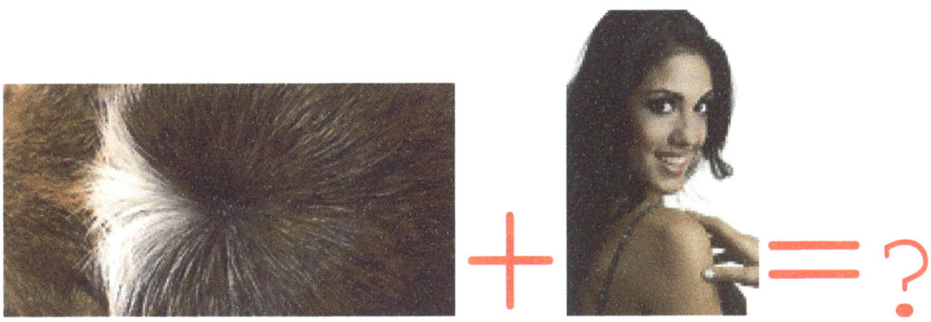

Exercice 2 : Le lexique

Lis le vocabulaire relevé du texte et fais des phrases. Peu importe le contexte. Vous pouvez inventez un autre

Zone périurbaine
Des Slogans
Confrontement
Cotisation
Calculer au centime près

1.

2.

3.

4.

5

Dialogue# 6 : <u>Au cinéma UGC Ciné Montpanasse</u>

<u>La saveur des Coings de Kristina Grozeva</u>

Josephine : Dépêchons-nous, le film commence dans 15 minutes.

Jean-Paul : Je voudrais prendre des places bien au milieu, loin de l´écran.

Josephine : Moi, loin des gens qui bavardent en plus j´aime pas entrer dans la salle en dernier et faire décaler des gens ou piser sur leurs pieds.

Jean-Paul : Reste tranquille on arrivera bien à l´heure, de toute façon les bandes-annonces des films à l´affiche prend au moins 10 minutes.

Josephine : Moi ça ne me dérange pas les bandes-annonces mais je connais des gens qui trouvent celà chiant !

Jean-Paul : Ah, il y en a qui se plaignent pour se plaindre. Moi, j´ai hâte de voir ce film ésotérique plein de medium et ce processus de communication extra-naturelle et catartique.

Josephine : Je trouve marrant les gens qui s´aperçoivent pas du bout de leur nez !

Jean-Paul : Ha...ha...ne me dis pas que tu ne t´es pas trouvé en proie à une crise pareille des fois.

Josephine : Bof, tu exagères comme toujours.

Jean-Paul : Regarde, ça commence. Ça va te changer les idées...

<u>Exercice 1</u> : <u>Orthographe</u>

Remplissez les places vides par l´orthographe qui convient. Les deux mots homophones ont des significations et une orthographe différente. Faites attention : Marron/marrant,Bout/bouh,Ça/sa, Né/nez

1. C´était trop drôle ! Bon bah juste après c´était moins marron/ marrant
2. J´avais des billes marrant/ marron
3. C´est le pire cauchemar de toute ma vie, bout/bouh, ouh !
4. Ça/Sa tante retourne du voyage aujourd´hui.
5. Elle ne voit même pas le bout de son né/ nez

<u>Exercice 2</u> : Formez d´autres phrases avec les homophones de l´exercice

1. Vous pouvez en reproduire autant que vous voulez.

<u>Exercice 3</u> : **<u>Jeu de rôle</u>**

Les membres du club français se réunissent pour décider les activités et le budget annuel du club. Écrivez et reproduisez leurs conversations et leurs demandes de l´administration du club. Suivez l´exemple des exigences des organisateurs des gilets jaunes.

Dialogue#7

Au café des deux magots

Élise et Pierre sont allés prendre leur petit-déjeuner au café des deux magots. Le garçon, un jeune homme mince aux cheveux bruns portant un tablier de serveur avec le nom du café s´approche, deux menus à la main.

Le garçon : Bonjour monsieur, bonjour madame

Élise : Bonjour, je voudrais un perrier, un jus d´orange et un croque-monsieur au jambon blanc et gruyère.

Pierre : Bonjour, je voudrais un perrier, un café-crème et un croissant au chocolat.

Le garçon : Un instant s´il vous plaît.

Quelques instants plus tard

Pierre : Voulez-vous apporter l´addition s´il vous plaît ? Acceptez-vous les visas platnium ?

Le garçon : Oui monsieur, il y a 10% du pourboire.

Pierre : D´accord.

Entraînez-Vous !

Exercice 1 : Identifiez le plat à partir des noms donnés dans le tableau :

Le pôt au feu Le boeuf bourguignon Le gratin dauphinois Les crêpes La quiche lorraine Un steak-tartare Le cassoulet Les huîtres

Dialogue#8

Le bizutage des étudiants de L´ENSAM

Photo

Préstigieuse école d´ingénierie reconnue pour ses pratiques d´usinage et actes dégradants pour développer l´esprit de solidarité. Les étudiants de première année et les anciens élèves parlent de la journée de rentrée :

Guy : Dans le passé, on nous lançait des oeufs en pleine figure pour célébrer à fond.

Laurent : On nous appelait des nuls et nous obligeait à réciter des codes.

Caroline : Les filles ont été défiées de montrer leurs seins nus.

Edgar : Mon frère a dû se laisser raser le crane , baptisé par ses aînés.

Claude : Aujourd´hui on se réunit pour faire des parades et chanter des chansons supposées intégrer les nouveaux arrivants.

Edgar : Le directeur de l´ENSAM et le Conseil d´aministration a déclaré de travailler avec les élèves pour mieux encadrer ces périodes d´intégration et de retirer quelques gadzards et a promis d´en finir avec le bizutage corporel ou autre.

Exercice 1 : Dans ce dialogue, le bizutage consiste en les activités énumérées, dites si c´est vrai (V) ou faux (F)

1. Des codes d´intégration	
2. Des punitions désagréables	
3. Des récitations	
4. Du bouzillage facial	
5. De jeux obscènes	

Exercice 2 : En deux, parlez des jeux et activités que votre camping pour enfants organisait quand vous alliez sans vos parents. Quelles difficultés avez-vous eues ? Qu´est-ce que vous avez appris ?

DOSSIER XI

Napoléon Bonaparte : Ses apports et ses guerres contre l´Europe

OBJECTIFS PÉDAGOGIQUES :

- ✓ La Révolution française de 1789
- ✓ La Marseilleise
- ✓ Le Consulat de Napoléon Ier
- ✓ L´Empire Napoléonéen
- ✓ La Restauration de 1814-1824 et de 1824-1830
- ✓ La Deuxième Révolution de Juillet 1830-1846

L´ultime défaite de Napoléon à Waterloo-1815

Claude Joseph Rouget de Lisle (1760-1836)

Artiste, écrivain, militaire, poète

Claude Joseph Rouget dit de Lisle appelé Rouget de Lisle était un officier militaire, poète et auteur dramatique né au Jura à l´Est et décédé à Paris. En garnison à Strasbourg, le maire Philippe-Frédéric de Dietrich choisit le chant de la Marseillaise composé par Rouget de Lisle comme chant de guerre par l´armée du Rhin contre l´Autriche qui menaçait la France d´une invasion avec l´émeute du peuple insoumis.

La Marseilleise, un chant de guerre révolutionnaire et un hymne de la liberté repris par des soldats marseillais venus défendre Paris en 1789 ,lors de la Révolution et devient en 1879 **hymne nationale** de la patrie française à être chanté par les troupes militaires et les citoyens du pays lors de la guerre civile française dite Révolution de 1789. Rouget de Lisle était royaliste et contre l´internement du roi Louis XVI au palais des Tuileries pour n´être que guillotiné à la Bastille après, par le peuple rempli de haine pour tout ce qui est aisé et pour le coût de la vie et la hausse des impôts. **1790** commence la naissance d´une nouvelle nation française. Les députés créent les départements, le roi accepte la constitution civile du clergé. Le 21 octobre 1790 **le drapeau tricolore remplace le drapeau royal** et la fin de la Révolution marque le commencement de la première République du peuple.

Rouget de Lisle est également auteur d´autres chants :

- ✓ L´hymne à la liberté pour la fête de la constitution célébrée à Strasbourg sur la place d´armes à Strasbourg
- ✓ Chants français
- ✓ Il finit sa vie de manière précaire et décède en 1836. Ses cendres se trouvent aux Invalides et son tombeau dans sa ville natale au Jura.

Le tombeau de Napoléon aux Invalides, à Paris

Exercice 1 : Lecture et écoute

VILLE DE LONS-LE-SAUNIER

Musée Rouget de Lisle

Donation André Lançon

La Marseillaise

Strophe 1
Allons enfants de la patrie !
Le jour de gloire est arrivé
Contre nous de la tyrannie
L'étendard sanglant est levé *(bis)*
Entendez-vous dans les campagnes
Mugir ces féroces soldats ?
Ils viennent jusque dans vos bras
Egorger vos fils, vos compagnes !

Refrain

Strophe 2
Que veut cette horde d'esclaves
De traites, de rois conjurés ?
Pour qui ces ignobles entraves,
Ces fers dès longtemps préparés ? *(bis)*
Français, Pour nous, ah ! Quel outrage !
Quels transports il doit exister
C'est nous qu'on ose méditer
De rendre à l'Antique esclavage !

Refrain

Strophe 3
Quoi ! Ces cohortes étrangères
Feraient la loi dans nos foyers !
Quoi ! Ces phalanges mercenaires
Terrasseraient nos fiers guerriers ! *(bis)*
Grand Dieu ! ... Par des mains enchaînées
Nos fronts sous le joug se ploieraient !
De vils despotes deviendraient
Les maîtres de nos destinées ! ...

Refrain

Strophe 4
Tremblez tyrans ! Et vous perfides,
L'opprobre de tous les partis.
Tremblez ! Vos projets parricides
Vont enfin recevoir leur prix *(bis)*
Tout est soldat pour vous combattre
S'ils tombent nos jeunes héros,
La France en produit de nouveaux,
Contre vous tout prêts à se battre !

Refrain

Strophe 5
Français ! En guerriers magnanimes
Portez ou retenez vos coups !
Epargnez ces tristes victimes
A regret s'armant contre nous ! *(bis)*
Mais le despote sanguinaire !
Mais les complices de Bouillé !
Tous ces tigres qui sans pitié
Déchirent le sein de leur mère !

Refrain

Strophe 6
Amour sacré de la Patrie,
Conduis, soutiens nos bras vengeurs !
Liberté, Liberté chérie,
Combats avec tes défenseurs ! *(bis)*
Sous nos drapeaux, que la Victoire
Accoure à tes mâles accents ;
Que tes ennemis expirants
Voient ton triomphe et notre gloire.

Refrain

Couplet des Enfants
Nous entrerons dans la carrière
Quand nos aînés n'y seront plus
Nous y trouverons leur poussière
Et l'exemple de leurs vertus *(bis)*
Bien moins jaloux que leur survivre
Que de partager leur cercueil,
Nous aurons le sublime orgueil
De les venger ou de les suivre !

Refrain
Aux armes, citoyens !
Formez vos bataillons !
Marchons ! Marchons !
Qu'un sang impur abreuve
Nos sillons.

24, RUE DU COMMERCE - F-39000 LONS-LE-SAUNIER TEL. (HÔTEL DE VILLE) (33)-3.84.47.29.16 - FAX (33)-3.84.47.88.96

ENTRAÎNEZ-VOUS !

EXERCICE 1 : LE TEXTE À TROUS

Écoutez l´hymne national de la France et remplissez les places vides avec les mots qui manquent :

Allons enfants de ________ !

Le jour de ________ est arrivé

________ de la tyrannie

________ sanglant est levé

Entendez-vous dans les ________ ?

________ Ces féroces soldats ?

Ils viennent jusque dans vos ________

________ vos fils, vos compagnes !

EXERCICE 2 : Relevez dans la Marseillaise tout ce qui montre que la guerre est faite par les militaires contre le peuple révolté ? que ce chant est contre la destitution du pouvoir royale par la violence ? contre la destruction et la mort ? contre la haine du sang pur ?

EXERCICE 3 : CHASSER L´INTRUS QUI NE SE RELATIONNE PAS AUX VALEURS DE LA RÉVOLUTION

Soldats	Femmes	Étendard	Bataillons	Horde d´esclaves
Rois conjurés	La chasse	Despotes	Soldats	Coups de feu
Défenseurs	Ennemis	Gloire	Amour	Patrie

EXERCICE 4 :

Comment la Marseillaise défend l´égalité de tous ? les valeurs de la République Française ? un hymne à la liberté ? les valeurs de la Révolution ? Notez les vers qui montrent cela dans le tableau donné :

EXERCICE 5 : Qu´est ce qui fait la force de la France et de ses citoyens d´après la Marseillaise ?

Leçon 2: Les Guerres de Napoléon I er

Arrivé au pouvoir par la guerre, il va s´y maintenir par des guerres constantes, durant les 10 années de son règne, il lutte contre toutes les puissances d´Europe, **La Russie, L´Espagne, la Belgique, L´Allemagne et la Belgique et l´Angleterre.** La chûte de la monarchie et la révolution du peuple ont fragilisé la France et le pays se voit menacé de l´invasion des pays voisins. Devenu empereur des Français en 1804 juste après la Révolution, Napoléon à la tête de son armée part faire des guerres pour restaurer l´image et la force de la nation.

Biographie de Napoléon Ier, Empereur des Français :

Napoléon Bonaparte est né en Corse, à Ajaccio, le 15 août 1769. Son père Charles-Marie est avocat. Son père et sa mère Letizia ont déjà un fils : Joseph a 1 an de plus que Napoléon.

La Famille est clairement noble. En 1779, à l´âge de 9 ans, Napoléon est envoyé sur le continent avec son frère Joseph, pour faire des études déstinées aux enfants de la noblesse. Napoléon est un enfant studieux, bon en mathématique, en Histoire et aussi en escrime.

En 1784, il entre à l´école militaire à Paris en 1784. Cette école existe toujours et forme des officiers de l´armée française, elle se trouve face au champ de Mars qui servait aux militaires à faire leurs exercices.

En 1785, il devient Lieutenant en second dans l´artillerie à apprendre à combattre à l´âge de 16 ans.

De 1785-1799 il est général dans les armées du roi Louis XVI, puis de la République française. Le premier régiment de Napoléon est à Valence, au sud de Lyon sur la route de Marseille.

En 1789, c´est le début de la Révolution française, Napoléon a 19 ans. En Corse et à Paris Napoléon assiste à de nombreuses manifestations très violentes. En 1792, La République remplace la monarchie.

En 1793, il est promu Général et est envoyé commander l´armée en Italie en 1796. Il remporte de nombreuses victoires.

Napoléon rentre à Paris en Octobre 1799. Des membres du gouvernemnt font appel à lui pour soutenir militairement un coup d´État et prendre le pouvoir. Le coup d´État du 18 Brumaire est une réussite. Mais pour Napoléon, c´est lui qui prend le pouvoir et devient Premier Consul.

Sous le Consulat, Napoléon crée des institutions pour reconstituer la France après la Révolution: La Banque de France, les préfets pour gérer les départements, les lycées, le code civil.

Le 18 mai 1804, il devient Empereur des Français. Durant son régne il va mener plusieurs campagnes militaires contre les pays d´Europe et la Russie.

Sa femme Joséphine de Beauharnais ne peut pas avoir d´enfants. Napoléon se sépare d´elle et épouse en 1810 la fille de l´empereur d´Autriche Marie-Louise. En 1811 Napoléon a enfin un fils! Il s´appelle Napoléon François Joseph Charles et reçoit le titre de "roi de Rome".

Marie-Louise d´Autriche

En 1814, la France est envahie après la défaite de Napoléon en Russie et il doit abdiquer au pouvoir. Il est exilé sur l´île d´Elbe, près de la Corse. En 1815, il s´échappe de l´île et reprend le pouvoir. C´est la période des 100 jours.

La guerre reprend et il perd la bataille de Waterloo en Belgique. Il abdique pour la deuxième fois.

En 1815, Napoléon est envoyé sur une petite île qui appartient aux Anglais, l´île Saint-Hèlène . Après des années d´ennui, il meurt le 5 mai 1821, à l´âge de 51 ans. Il est enterré à l´île.

Entraînez-vous !

Exercice 1 : **Vrai ou Faux** ? **Si c´est faux, donnez la bonne réponse ?**

1. Napoléon est français.
2. Napoléon est né à Rome.
3. Napoléon est un homme militaire.
4. Napoléon est devenu renommé en France par ses défaites.
5. L´armée protège le pays en cas de guerre.
6. Pour devenir Général, il faut étudier dans une école de marine.
7. Les militaires, c´est la dictature.

Exercice 2 : **Lexique**

Le pouvoir-défaite-victoire-abdiquer-réussite-Les empereurs-envahir-le régiment-un coup d´État- la force-la paix-des guerres-Les lois

1. Après sa **(1)**_______ à Bruxelles, Napoléon a dû **(2)**_______ au pouvoir. Les **(3)**_____________ militaires rendent populaire.

2. Faire la guerre contre un pays voisin, c´est **(4)**_______ le territoire de ce pays.

3. Les guerriers de **(5)**_______ sont tous de l´armée.

4. Le code civil est un recueil des **(6)**_________ qui documentent les **(7)**__________ de la société française.

5. Faire un coup d´État, c´est prendre le **(8)**______ par la **(9)**_______

6. Les rois, les monarques et les **(10)**_______ ont un pouvoir suprême. Ils décident des **(11)** _____ à faire et des **(12)** _____ à négocier.

7. Les hommes du **(13)**______ vivent dans des enceintes militaires.

Exprimez-Vous !

Exercice 3 :

1.Comment le régime napoléonien est-il autoritaire ?

2.Comparez la guerre de l´indépendance américaine et la Révolution française. Quelles sont les similarités et les différences ?

Soldat de l´armée

La Première Bataille Contre l´Espagne:

Napoléon Recevant la Capitulation de Madrid le 4 Décembre 1808

La guerre menée par Napoléon Ier en Espagne s´encadre dans son intervention dans **la guerre d´indépendance espagnole** des forces occupantes notamment le Portugal et le Royaume Uni. Napoléon se joint à la Grande Armée venue d´Allemagne pour entammer à partir du 5 novembre 1808 une série de manoeuvres militaires habiles qui aboutissent à la dislocation de l´armée espagnole , ce qui lui permet d´obtenir un **succès fulgurant** et d´occuper Madrid rétablissant ainsi la domination française sur les régions centrale et septentrionale de la péninsule Ibérique au sud.

Il oblige alors la Bretagne à se retirer mais la menace d´une guerre imminente avec l´Autriche dûe à son absence l´oblige à quitter l´Espagne le 17 janvier 1809 et à retourner en toute hâte à Paris. Il ne résussit pas cependant à obtenir la soumission totale du pays et ne tarde pas à quitter le territoire espagnole 3 ans après.

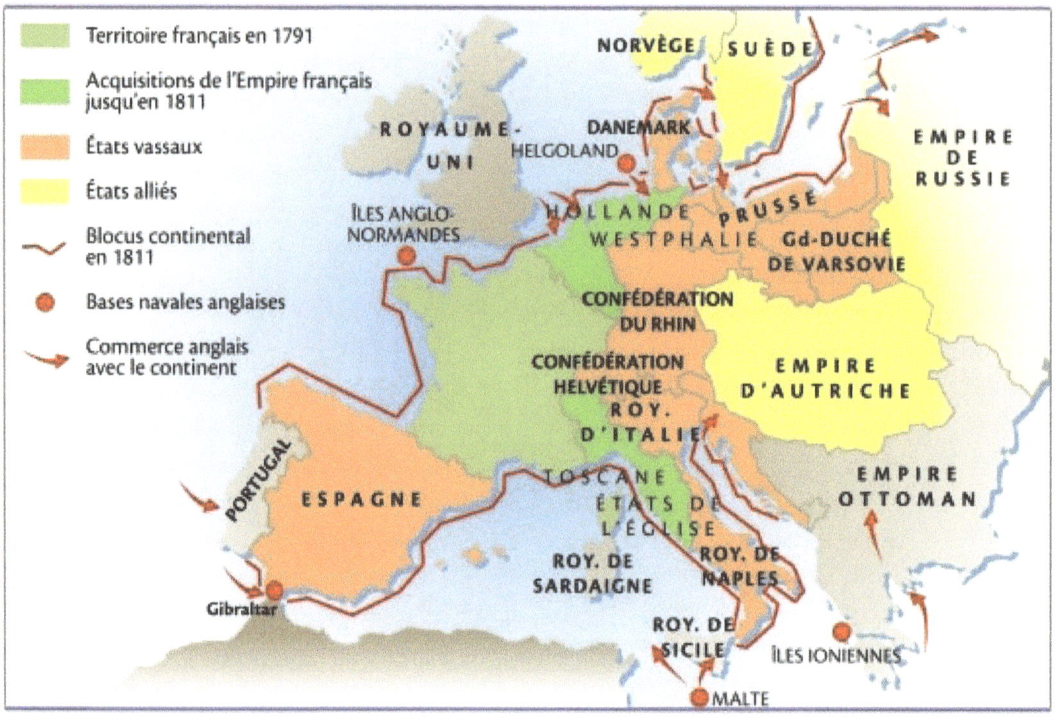

La France et l´Europe de Napoléon Bonaparte (1804-1815)

La Guerre de Napoléon Ier avec L´Autriche 21 et 22 avril 1809

Dernier Jour de la Bataille d´Ekmuhul

Napoléon doit retirer les hommes de son armée de l´Espagne qui commence à percevoir sa présence comme une invasion indésirable et se trouve obligé à retourner en France pour aller faire la guerre en Autriche qui faisait la guerre contre l´Allemagne pour venger Austerliz et qui se protège de la France voisine par l´attaque en 1809 sur les alliés de Napoléon, le forçant ainsi à répondre à cette attitude belliqueuse. Cette bataille se solde par la victoire de l´empereur sur les Autrichiens et Napoléon déclare à la fin de sa vie qu´il était fier de la manière qu´il avait conduit la campagne qui devait aboutir à la bataille d´Ekmuhul et de Bavière.

Entraînez-vous !

EXERCICE 1 : Cochez la bonne réponse :

1. En quelle année Napoléon Bonaparte prend le pouvoir ?

1789 ☐ 1799 ☐ 1814 ☐

2. Coloriez en jaune les victoires de Napoléon et en bleu ses défaites :

Austerlitz

Borodino

Autriche

Waterloo

Ekmuhul

3.Cochez les éléments qui expliquent la défaite de Napoléon en Russie après la lecture de la page 367.

La fatigue	La maladie
Les provisions	Les incendies
Le froid	La peur
La mort de ses hommes	La compétition des allemands

4.**Exprimez-vous** : Vous êtes un soldat français engagé dans les armées nationales entre 1792 et 1815. Écrivez une lettre à votre famille pour décrire votre expérience.

La bataille de Borodino, en Russie

C´est la bataille qui a opposé l´empereur Napoléon Ier à l´armée impériale russe. Elle a eu lieu le 7 septembre 1812 à proximité du village Borodino, près de Moscou.

Le confrontement avec la Russie a consisté en des contre-attaques faites de têtes bûlées, de flèches pour empêcher l´avancée de l´armée française, de terres vides et glaciales. La Russie se replie mais détruit la nourriture et affaiblit les 400.000 hommes que la grande armée française a fait venir.

La bataille produit toutefois la mort de plusieurs et des pertes considérables en termes d´artillerie et de destruction de la ville et des constructions. Napoléon est considéré vainqueur sans gloire puisqu´il est tombé malade ce qui a affecté son génie de stratège militaire.

La retraite de l´armée française est venue suite à la faim, le froid, l´incendie, les flèches, la maladie , la fatigue et l´impossibilité d´obliger les Russes à se rendre.

La Bataille de Borodino, en Russie

La Bataille de Waterloo en Belgique

La bataille de Waterloo s´est déroulée le 18 juin 1815 en Belgique, à vingt Kilomètres au sud de Bruxelles. Cette bataille a opposé l´armée française, dirigée par l´emprerur Napoléon Ier contre les alliés de l´armée britannique, allemandes , néerlandaise et prusienne toutes d´unités belges.

Cette bataille s´est achevée par la défaite de l´armée française et marque la fin des batailles entreprises par l´empereur Napoléon Ier. Napoléon a dû en fait abdiquer au pouvoir quatre jours avant son retour. Prisonnier des Anglais après sa défaite en Belgique, à Waterloo 1815.

La Bataille de Waterloo-1815

Napoléon exilé à l´île de Sainte-Hélène puis en Corse

L´Europe entière est contre lui, les vainqueurs décident de l´exiler après la défaite en Russie.

Premier exil après la défaite en Russie à l´île d´Elbe près de sa ville natale en Corse pour ne pas nuire au repos du monde , **puis un second exil à l´île Saint-Hélène** à l´ouest de l´Afrique après sa défaite à Waterloo. Il meurt le 5 mai 1821.

Napoléon à l´île Saint-Hèlène

Les Apports de Napoléon juste après la Révolution

l´Arc de triomphe, sa construction décidée par Napoléon en 1806 et fini sous Louis-Philippe en 1836, célèbre le triomphe de l´armée française guidée par Napoléon à Austerliz et en Espagne.

Le Code de Lois Napoléon : Son code a été inspiré du code Justinien (Marcus Juanianius Justinus) code civil romain qui est encore employé en France, en Belgique, en Espagne, au Mexique, en Argentine et dans plusieurs anciennes colonies françaises.

Les Universités et les lycées laiques : Avant la Révolution, toutes les écoles et universités dépendaient de l´Église. Après la Réveolution, l´empreur militaire Napoléon a crée l´Université de France qui répondait au gouvernement ainsi que que le système d´enseignement public

La division de la France en départements: Il a fait la réforme du sytème administratif en départements au lieu de provinces avec le décret du 22 décembre 1789. Chaque département divisé en trois à neuf ditricts identifié par les éléments naturels, cours d´eau, montagne essentiellement. Par exemple le département de l´île de France est divisé en 8 districts : Paris 75, Seine-et-Marne 77, Essonne 91, Hauts-de-Seine 92, Seine-Saint-Denis 93, Val-de-Marne 94, Val-d´Oise 95.

La Légion d´honneur : Pour motiver ses hommes militaires, Napoléon a crée une décoration militaire inspirée des anciens ordres honorifiques balayés par la Révolution. Ses soldats et ses savants fréquentent des hauts fonctionnaires, magistrats, scientifqiues, musiciens et écrivains. Les personne civiles ou militaires couronnées portent des étoiles à cinq rayons doubles.

Étoile de la Légion d´honneur

Entraînez-vous !

Exercice 1 : Coloriez en orange les éléments influents qui mènent un pays en guerre contre ses voisins toujours dans le contexte des guerres de Napoléon en Europe :

Tout le monde contre lui	Antagonisme international	
Attitude belliqeuse	Réstauration d´image de force	
Construire un empire	La race	L´économie morose
La chéreté de la vie	Présence indésirable	La religion

Exercice 2 : Coloriez en bleu ce qui peut-être considéré comme une stratégie de guerre pour dérouter l´énnemi :

Température glaciale	Flèches	La fatigue
Fin du provisionnement	Têtes-brûlées	Terres vides
Maladie de l´adversaire	Contre-attaque	Se rendre à l´ennemi
Laisser l´ennemi s´installer sans guerre	Attaquer pendant le sommeil	

Exercice 3 : Lisez les articles du code civil français établi par Napoléon en 1804 et les autres 4 codes civiles existant aujourd´hui :

1. **Art. 2** La loi ne dispose que pour l´avenir ; elle n´a point d´effet rétroactif.
2. **Art. 11** Tout Français jouira des droits civils.
3. **Art. 124** L´époux commun en biens, s´il opte pour la continuation pourra empêcher l´envoi provisoire et l´exercice provisoire de tous les droits subordonnés à la condition du décès de l´absent et prendre ou conserver par préférence l´administration des biens de l´absent.
4. **Art. L1152-1** Aucun salarié ne doit subir les agissements répétés de harcèlement moral qui ont pour objet ou pour effet une dégradation de ses conditions de travail susceptible de porter atteinte à ses droits et à sa dignité, d´altérer sa santé physique ou mentale ou de compromettre son avenir professionnel.

Vrai ou Faux ?

Quelle est la phrase correcte?

1. La dégradation des conditions du travail du salarié sont causées par son mauvais travail
2. La communauté des biens conjugaux permet l´exercice de l´administration des biens.
3. Qui n´est pas né Français et l´est devenu seulement après n´a aucun droit civil.
4. Le jugement prononcé quelques années passées peut bénéficier d´une loi nouvellement décrétée.
5. Le harcèlement moral est puni par une peine de prison.

Exercice 4 :

PROJET DE COMMUNICATION : Imaginez quelle serait la situation civile des hommes, s´il n´y avait pas de lois, de tribunal et d´avocats pour les protéger ? Donnez des exemples d´infractions qui passent inaperçus ou de ceux dont vous avez témoigné le procès judiciaire ? Utiliser les idées du tableau :

Harcèlement sexuel-Harcèlement moral-Insulte lors du travail-Accident-Dommages financiers-Récision sans préavis-

Leçon 3 : La Réstauration de Louis XVIII (1814-1824) et Charles X (1824 à 1830)

Louis XVIII, le frère de Louis XVI guillotiné reprend, à l´âge de 60 ans, le pouvoir monarchique qui lui revient de droit divin après l´éxil de Napoléon, toutefois les affaires du pays après la Révolution ont pris une face constitutionnelle du droit du peuple qu´il était difficile à la monarchie reprendre son pouvoir absolu. Il a reconnu les apports de l´empire Napoléonien et a établi deux assemblées :

1. La Chambre des Pairs qui était héréditaire

2. La Chambre des députés dont les membres ont été élus par le peuple payant des impôts.

La monarchie de Louis XVIII est interrompue par le retour de Napoléon pour 100 jours du 20 mars au 8 juillet 1815.

Conjugaison entre le pouvoir monarchique ultraroyaliste et parlementaire libéral mais le peuple s´était déjà libéré de ce système d´élite royaliste et retourne à l´opposition et au désir **d´affranchissemnt de ce système de caste peu constitutionnel** et font revenir celui qui leur rappelle leur victoire. Louis XVIII choisit de quitter le pays pour s´installer à Gand et Napoléon est envoyé en exil définitif à son île natale en Corse après la défaîte à Waterloo.

Charles X roi de 1824 à 1830

Essaie de restaurer la monarchie absolue qu´il a connu à Versailles mais les révoltes se multiplient et forcé par la **Révolution de Juillet 1830** il repart en exil où il meurt.

Leçon 4 : La Deuxième Révolution (16 ans de règne)

Le duc d´Orléans devenu le Roi-Philippe Ier, roi des Français

C´est la deuxième Révolution française. Elle renverse le roi Charles X et porte sur le trône un nouveau roi, Louis-Philippe Ier à la tête du nouveau régime dit monarchie de juillet après la Réstauration. Cette révolution s´étend sur 3 journées, les 27, 28 et 29 Juillet 1830 dites « trois glorieuses »

De retour au pouvoir par l´émeute du peuple, le duc d´Orléans prend le nom du roi Louis-Philippe Ier, il est nomm´pe roi des Français et non roi de France. Un régime à l´anglaise, vers une monarchie parlementaire. L´économie est morose et les revendications portent sur le coût élevé de la vie, des salaires modiques et le chômage. Le mécontentement du peuple augmente et la nécessité d´une réforme se fait sentir de nouveau. Les hommes qui ont fait la royauté se regroupent dans les partis dynastiques cependant ils se divisent vite sur l´interprétation de la révolution de juillet.

La Troisième Révolution de 1848 et la II ème République

Le 22 février 1848 une manifestation s´organise contre les éléctions et accusations des ministres : « À bas les ministres, vive la réforme » .

Louis-Philippe n´arrive pas à former un gouvernement. La foule se heurte aux barricades et aux meurtres boulevard des Capucines. Les fusillades transforment l´émeute en révolution : le 24 les manifestants marchent vers les Tuileries et le roi abdique et part en Angleterre. À la monarchie de Juillet va succéder la IIe République.

Entraînez-Vous !

Exercice 1: Corrigez les erreurs d´information

1. Louis-Philippe Ier représentait la monarchie bourgeoise et absolue.
2. Louis XVIII a rendu l´économie stable et a rendu le peuple heureux.
3. Le duc d´Orléans est arrivé au pouvoir par transmission héréditaire
4. La Révolution est faite par des émeutes de peulple.
5. La Révolution du peuple a rendu la France faible auprès de ses voisins européens.

Exercice 2 : Complétez les phrases données par le mot de vocabulaire qui convient :

La monarchie dynastique-abdiquer-fusillades-émeutes-le mé-contentement-la réforme-le droit du peuple-

1. Versailles était la résidence de ______________.
2. La révolte du peuple a fait le roi ___________au pouvoir.
3. La chereté de la vie a occasionné ________________du peuple.
4. Paris sous la Révolution est devenue le lieu de__________et de____________.
5. La IIème République, la France passera sous ______________.

Exercice 3 : Le jeu du morpion

Dites à quelle évènement historique correspond chaque date. Faites 3 ronds ou trois croix :

1789	1830	1848
1846	1824	1814
1815	1812	1809

EXERCICE 4 : La Révolution Française en jeu de cartes

Les Instructions:

Le jeu comporte 11 cartes posées sur la table en pile face cachée. Le premier joueur tire une carte des cartes renversées et pose une question à son partenaire du genre information sur telle ou telle figure de la Révolution tirée sur la carte. Si le partenanire de jeu est incapable de répondre, il perd la main et la carte est rejouée. Son partenaire tire une autre carte et le jeu continue. Le joueur qui accumule le plus de cartes en main est le gagnant !

Dans ce jeu, les étudiants revivront les affrontements entre le peuple et l´armée française le jour de la Révolution de 1789 et la fin de la monarchie.

La Révolution du 5 mai 1789 et les Révoltés :

Le Hall des miroirs

A Versailles. Il faudra Fuir.

Marie-Antoinette est levée à la Bastille pour être guillotinée.

Un manifestant populaire qui porte un pantalon à rayures au lieu de la culotte, symbole vestimentaire de l´Ancien Régime aristocratique.

Le Roi Louis XVI doit quitter Versailles avant l´invasion des sans-culottes.

Maximilien de Robespierre à faveur de la chute royale. Député du Tiers État, il finit guillotiné, accusé d´incentiver la terreur.

Une fête à Versailles au temps du roi Louis XVI.

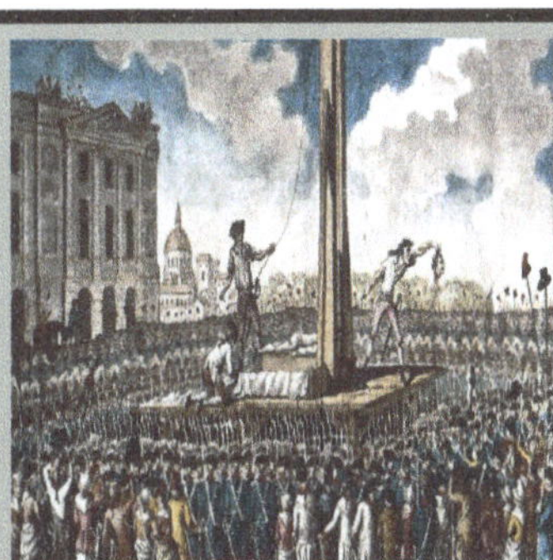

Le roi Louis XVI est guillotiné au champ-de-mars. Sa tête est offerte au peuple. Quelle honte pour la monarchie française et la France devant ses voisins européens.

Les Embûches aux Révoltés

Les fusillades au champ-de-mars le 17 juillet 1789. L´armée royale fusille le peuple révolté.

Le garde national empêche les gens du peuple de s´approcher de la Bastille les traitant comme des citoyens.

Les Barricades de la Rue Antoine

Les Défis de la Révolution

Le blé et les graines au prix inaccessible au peuple, un défis de la Révolution 1789

Trop d´impôts tue l´impôt. Le gouvernement monarchique charge trop d´impôts au peuple et leur vide les poches.

Les lieux célèbres de la Révolution:

Ils se rendent à la Bastille

Ils se rendent aux Tuileries

Le panthéon

Attaque à l´hôtel de ville

DOSSIER XII

PROJETS MONTESSORI ARTISTIQUES ET MAKERS

OBJECTIFS PÉDAGOGIQUES :

9. Nature-morte de Paul Cézanne: Pommes et Biscuits
10. L´Obélisque de Paris à la Place de la Concorde
11. Les Girassols de Vincent de Van Gogh
12. Les Montres Molles de Salvador Dali
13. La Peinture en paille
14. L´Entrée de la Casbah d´Henri Matisse

PROJET #1 : NATURE-MORTE DE PAUL CÉZANNE : POMMES ET BISCUITS EN GOUACHE

BIOGRAPHIE :

La biographie de l´artiste (1839-1906)

Paul Cézanne était un peintre français. Il a fait partie de **l´école impressionniste et post-impressioniste** avec le cubisme et l´usage de figures géométriques. Il est né à Aix-en-Provence dans une famille aisée. Le jeune Paul commence à prendre des cours de dessin au lycée. Il part étudier en 1860 la peinture à Paris grâce à la pension que lui versent ses parents. Refusé aux Beaux Arts, il étudie à l´Académie Suisse où il rencontre d´autres peintres comme Claude Monet et Auguste Renoir. Cézanne passe beaucoup de temps au Louvre où il copie avec un grand intérêt les oeuvres de Delacroix, Courbet, Rubens ou encore Velásquez. C´est désormais certain : Paul Cézanne veut et va devenir peintre.

LES TABLEAUX ET SUCCÈS DE PAUL CÉZANNE :

Ses premières toiles laissent transparaître une inspiration romantique de l´amour pour les couleurs de la nature et paysages. Il s´essaie également au réalisme à travers les natures mortes. Il propose à plusieurs reprises ses tableaux au Salon de Paris mais se voit opposer des refus.

En 1872, il s´installe à la maison du docteur Gachet à Auvers-sur-Oise. Aidé de son ami Camille Pissarro, il y développe sa téchnique et compose ses premiers tableaux impressionnistes : La maison du pendu 1873, Une moderne Olympia, Paysage d´Auvers, Château Noir, Les joueurs de Cartes, Les natures mortes avec Pommes et biscuits, 1880, Pommes et Oranges, 1889

Il décède à 67 ans le 22 octobre 1906 à son domicile à Aix-en Provence.

LE THÈME DE LA NATURE MORTE PARMI LES PEINTRES IMPRESSIONISTES:

À la différence d´autres peintres impressionistes comme Monet et Renoir qui peignaient des natures mortes seulement si le temps dehors était mauvais, Cézanne lui a fait de la peinture morte, le paysage prédominant de sa collection de toiles d´art. Plusieurs incluaient des pommes traditionnellement symboliques d´amour et pour lui une réminiscence de son enfance. Un jour il écrit ce message à Zola : « je veux conquérir Paris avec une pomme. »

LECTURE DE POMMES ET BISCUITS, 1880

Cette toile est caractéristique du style de Paul Cézanne. Elle montre **trois dimensions horizontales** : celle de l´avant montre, la ligne qui compose le coffre avec le loquet noir, le dessus du coffre avec les pommes et le plat des biscuitss coupé du côté, la ligne bleue-ciel du papier peint. Ces trois dimensions composent un tableau plein d´information et de prouesse artistique. Cézanne a toujours pensé que les lignes horizontales permettaient plus d´ampleur alors que les lignes perpendiculaires permettaient plus de profondeur.

Les couleurs prédominantes varient entre le rouge, le jaune, le bleu-ciel du papier peint et du plat semi-apparent, le coffre en bois gris-noir avec le loquet semi-ouvert. C´est un tableau peint à l´intérieur bien que sombre par la couleur du coffre, la ligne horizontale du papier peint offre une perspective ample et claire ainsi que la couleur des pommes rouges. On pourrait affirmer que l´oeil contempleur se fixe d´emblée sur le mur pour se mouvementer après seulement sur les fruits et le coffre.

LE PROJET SCOLAIRE MONTESSORI EN GOUACHE

Le matériel:

- ✓ Un papier cason A-6 crème
- ✓ Papier végétal A4
- ✓ Un crayon
- ✓ Un feutre noir pointe fine
- ✓ Une règle
- ✓ Un pinceau pointe diagonale
- ✓ La gouache : bleu, blanc, rouge, orange
- ✓ Un bol pour le trempage
- ✓ Une éponge pour le trempage
- ✓ Des pommes et des oranges factices
- ✓ Une barquete
- ✓ Des nappes
- ✓ Un sac en plastique épais pour couvrir la table

Connections

- ■ Art
- ■ Culture
- ■ Langue

LE TABLEAU ORIGINEL :

LE PROJET SCOLAIRE : ADAPTATION DU TABLEAU

PROJETS SCOLAIRES

Pommes et biscuits, 1880

Connections

- Art
- Culture
- Langue

PROJET MAKER#2: L´OBÉLISQUE DE PARIS À LA PLACE DE LA CONCORDE

L´Obélisque de Louxor, 1836 érigée seulement 3 ans après. Place de la Concorde, Paris, France.

Introduction:

L´obélisque de Louxor est un monument historique rapporté d´Egypte en 1836, don du vice-roi d´Egypte Méhémet-Ali en 1836 par Jean-François Champollion parti à l´époque pour une mission scientifique en Egypte et considéré comme le père de l´egyptologie déchiffreur des hiérogliphes couvrant la Tour.

C´est une tour en granit rose de 23 mètres de hauteur un piédestal de 5 blocs de granit et 230 tonnes. Les deux autres faces portent des inscriptions qui rappellent le patronage du projet par Louis Philippe et rappellent l'engagement de la France en Egypte et aussi la présence de l´Egypte en France et l´amitié entre les deux pays.

L'ingénieur Apollinaire Lebas (1797-1873) dirige les opérations d'un périple des plus hasardeux qui durera 7 ans et s'étendra sur plus de 9 000 km.

L'Obélisque n'est cependant érigé sur la place de la Concorde que trois ans plus tard. Un long débat national sur le lieu où placer ce monument est doublé par un scandale puritain. Louis-Philippe trouve obscène les dessins du socle, représentant des babouins debout sur leurs pattes arrières et levant les bras pour honorer le soleil, anatomie mâle fièrement exposée propre à choquer les âmes prudes de l'époque. **Une nouvelle base moins suggestive** est commandée tandis que celle d'origine rejoint les collections du Louvre.

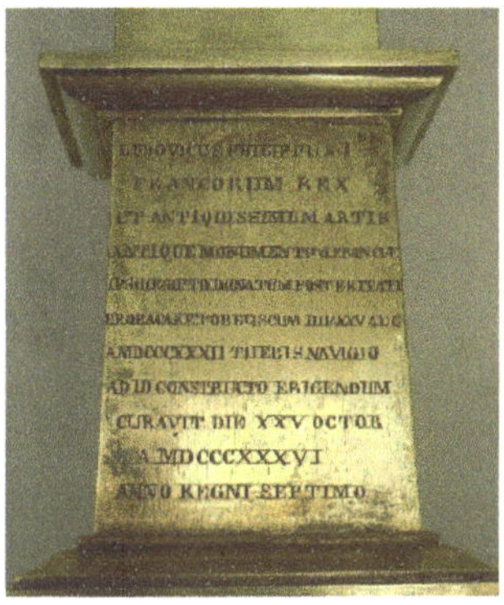

Inscription du patronage du projet par le roi Louis-Philippe

Les machines qui ont servi à déposer la Tour et à l´ériger

Les hiérogliphes au sommet de la tour

Le matériel:

- ✓ 2 maquettes en isopor 5mX 3m
- ✓ 4 boîtes en carton: longueur 14X14X16 cm
- ✓ 1 maquette architecture blanche
- ✓ Un crayon
- ✓ Papier végétal A4
- ✓ Une gomme
- ✓ Des ciseaux
- ✓ La colle chaude
- ✓ Le scotch
- ✓ Gouache blanche, noire, jaune
- ✓ Une barquete
- ✓ Des nappes
- ✓ Un sac en plastique épais pour couvrir la table

Connections

- ■ Art
- ■ Langue
- ■ Culture

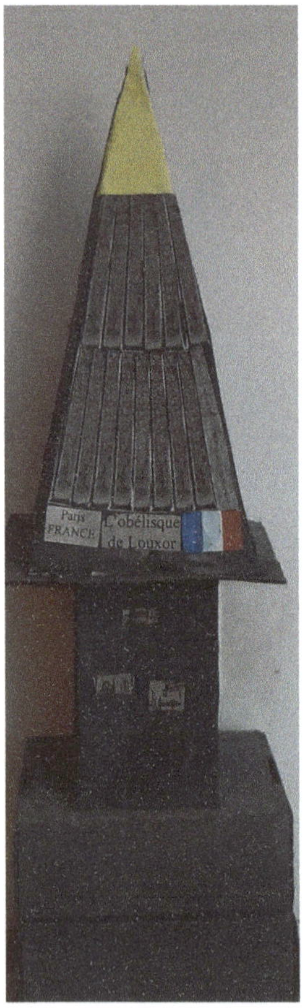

Projet Montessori de l´Obélisque de Paris, Place de la Concorde, Paris. France.

PROJET 3: LES GIRASSOLS DE VINCENT VAN GOGH

INTRODUCTION :

Le matériel

- ✓ Le papier Canson crème A6
- ✓ Une gomme
- ✓ Un crayon
- ✓ Deux pinceaux pointe droite et pointe diagonale
- ✓ Gouache: bleue, blanche, rouge, jaune, vert, orange
- ✓ Une barquete
- ✓ Des nappes
- ✓ Un sac en plastique épais pour couvrir la table

CONNECTIONS :

- ■ Art
- ■ Langue
- ■ Culture

BIOGRAPHIE :

Vincent Van Gogh est né le 30 mars 1853 à Groot-Zundert en Hollande. Fils d´un pasteur protestant, il a été baigné dès son plus jeune âge dans la religion. Son tempérament agité lui pose quelques problèmes pour se faire des amis. En 1857 naît son fils Théodorous (Théo) qui deviendra son plus grand ami et confident. Après une scolarité mouvementée, il devient en 1869 commis dans une gallerie d´art fondée par son oncle à la Haye. Il passera après par la succursale à Londres et à Paris. Vincent lit beaucoup surtout la bible et commence à se désintéresser de son travail à la galerie et démissionne en avril 1869.

Il hésite longtemps entre la vie religieuse et artistique, il choisit de se consacrer à la peinture. Après une phase de dépression, il rejoint son frère à Paris, ses toiles deviennent de plus en plus colorées. Il utilise abondamment les couleurs jaunes, bleues et vertes. Il crée un style inimitable qui atteint son apogé avec La Chambre à coucher (1889), La nuit étoilée (1889). Il réalise à cette époque plusieurs autoportraits sous forme de tableaux ou de simples dessins. Ces autoportraits atteignent 40 oeuvres.

En 1880, le départ de Van Gogh pour Bruxelles marque le début de carrière de l´artiste. A l´âge de 27 ans, il s´inscrit à l´Académie Royale des Beaux-Arts. Il publie les Tournesols en 1888 et met fin à ses jours en 1890.

Lecture de la toile Les Tournesols, 1890 de Vincent Van Gogh

Ce tableau a été peint à l´époque que Vincent Van Gogh a vécu à Arles en Provence. Les tournesols jaunes dans le vase également mi-jaune mi-beige avec un plan de fond vert pastel. Les tournesols rappellent la campagne de la Provence avec les couleurs de ses maisons, ses fleurs et ses arômes.

PROJET SCOLAIRE

Les girassols, Vincent Van Gogh,

PROJET 4: LES MONTRES MOLLES DE SALVASDOR DALI

BIOGRAPHIE :

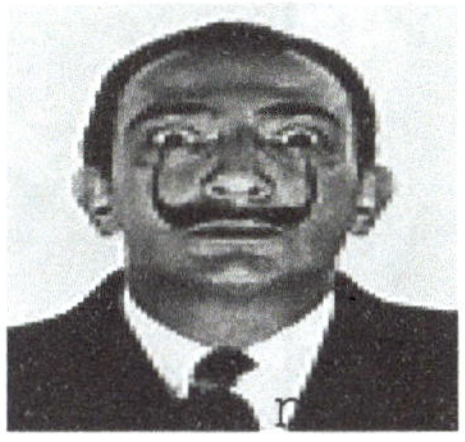

Salvador Dali était un peintre d´origine espagnole. 1904 à Figueras en Catalogne. Très tôt, il se montre doué pour le dessin et est admis à l´école des Beaux Arts de Madrid d´où il se fait expulser pour rébellion. En 1929, lors d´un voyage à Paris, il se lie d´amitié à un groupe de surréalistes et commence à participer à des expositions surréalistes en France et aux États-Unis. Pendant la seconde guerre mondiale, Dali et sa femme, Gala s´installent aux États-Unis jusqu´en 1948 où la créativité de Dali est particulièrement appréciée. Salvador Dali a touché a plusieurs domaines tels que la peinture, la sculpture, la joaillerie, l´architecture, la littérature, le cinéma et le théâtre.

Dali a été loué pour son habilité technique et par ceux qui connaissent ses oeuvres les plus populaires et apprécient son imagination luxuriante. Tous semblent connaître « les montres molles »,(1942), « le grand masturbateur »,(1929), « la métamorphose de Narciss », (1937). Il a fondé le théâtre-musée Dalí en 1974 où il a continué à travailler jusqu´au décés de sa femme Gala. Il s´éteint à l´âge de 84 ans en 1989 à Figueras.

PROJET SCOLAIRE ARTISTIQUE

Le matériel:

- ✓ Une toile 3mX3m
- ✓ Un crayon
- ✓ Papier végétal
- ✓ Une régle
- ✓ Deux pinceaux: pointe droite, pointe diagonale
- ✓ Gouache bleu, blanche, jaune
- ✓ Une barquete
- ✓ Des nappes
- ✓ Un sac en plastique épais pour couvrir la table

LA MONTRE MOLLE EN PLÂTRE OU PATE MODELÉE POLYMER

LE MATÉRIEL

½ kg de plâtre ou pate modelée polymer
De l´eau
Gouache blanche, bleue, noire
Pinceau
Film de plastique

Connections

- Langue
- Culture
- Art

LECTURE DU TABLEAU:

Les couleurs de ce tableau sont froides et sombres. Au fond la crique de Portilligat en Espagne et une plage de méditerranée. Un ciel bleu entre nuages et points lumineux. Des falaises et des rochers et 3 montres molles faisant rappel à l´époque de l´infuence surréaliste sur Dalí. Le temps dans ses dimensions liquides et passagères, rapides ou inertes ont fasciné ce peintre de la méditerranée. Une anecdote de la vie de l´auteur raconte que cette peinture a été inspirée par un fromage camembert qui a commencé à dégouliner sous l´effet de la chaleur.

PROJET SCOLAIRE ARTISTIQUE:

Vous aurez à faire une montre molle en plâtre et aussi la nature morte du tableau avec la plage de portilligat.

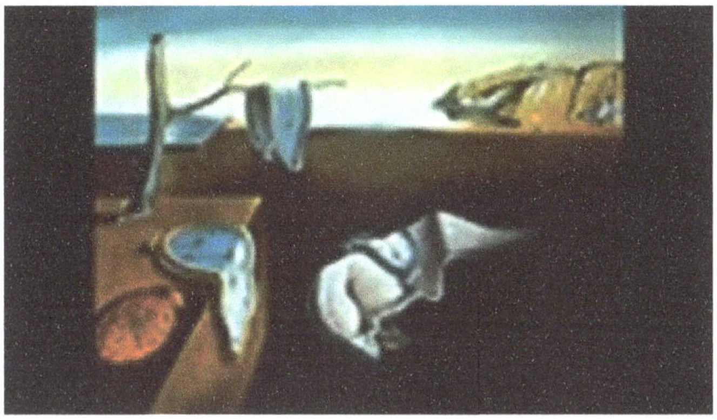

Les montres molles ou la persitance de la mémoire, 19422

PROJET SCOLAIRE
LES MONTRES MOLLES OU LA PERSISTANCE DE LA MÉMOIRE
PATE MODELÉE POLYMER

PROJET# 5 : LA PEINTURE EN PAILLE, FORME LIBRE

LA TÉCHNIQUE :

Étaler quelques gouttes de peinture d´eau sur le papier canson A4 et soufflez avec la paille en toutes les directions : mouvements circulaires, mouvements de lignes longues. À la fin, vous aurez des peintures colorées pour mettre sur votre muraille en classe.

Les étudiants adultes ou grands adolescents, peuvent dessiner des tableaux de paysage avec gazon et arbres et utiliser cette technique de peinture à la paille pour peindre leurs dessins.

Le matériel :

- ✓ Une feuille canson
- ✓ Une paille
- ✓ Gouttes de peinture d´eau
- ✓ Soufflez de la paille
- ✓ Soufflez fort
- ✓ Une barquete
- ✓ Des nappes
- ✓ Un sac en plastique épais pour couvrir la table

Connections

- ■ Langue
- ■ Culture
- ■ Art

LE PROJET SCOLAIRE

Peinture à la paille, forme libre

Projet#6 : L´entrée de la casbah d´Henri Matisse, 1912-1913

Le matériel	✓ Feuille canson crème A6 ✓ Crayon ✓ Papier végétal ✓ Gouache blanche, bleue, rouge, jaune, verte, orange ✓ Colle ✓ Ciseaux ✓ Pinceaux pointe fine et pointe moyenne ✓ Le tableau originel d´Henri Matisse à copier sur le numérique ✓ Nappes en papier ✓ Barquette ✓ Un sac en plastique gros pour couvrir la table

LA BIOGRAPHIE DE HENRI MATISSE :

Henri Matisse est né le 31 décembre 1869 à Cateau-Cambrésis et mort le 3 novembre 1954 à Nice. C´est un peintre, dessinateur, graveur et sculpteur français.

C´était une figure majeure de XX ème siècle. Il s´est distingué par la simplification,la stylisation, la synthèse et de la couleur comme seul objet de l´oeuvre d´art comme bon nombre d´artistes d´art abstrait qui se réclameront de lui. Il a été le chef de file du fauvisme et le disciple de Pablo Picasso.

Il peint son premier tableau Nature morte avec des livres en 1890. Il se rend à Paris en 1892 et s´inscrit en 1895 à l´école des Beaux-arts et côtoie de près Gustave Moreau, Auguste Rodin et Camille Pissaro.

Henri Matisse comme nombre d´artistes français se sont intéréssés pour l´exotisme. Eugène Delacroix, Jean-Auguste-Dominique Ingres et Matisse ont fait montre de sensibilité pour l´exotisme dans l´art de par le voyage aux pays du Maghreb comme l´Algérie et le Maroc.

De ces voyages, Henri Matisse a fait des tableaux clairement exotiques qui rappellent les gens et quelques endroits de là comme sa toile : l´entrée de la casbah, 1912 ; Le café marocain, 1912-13, Sur la terrasse, 1912-13. À côté de ces tableaux exotiques, nous trouvons d´autres qui sont exposés au musée d´art de Washington et de Paris comme celui de la Danse, 1910 et celui des trois baigneurs, 1907 et autres.

Le tableau original : Entrée de la casbah, 1912-13

LECTURE DU TABLEAU:

L´entrée de la casbah retrace une entrée architecturale de la ville de Tanger, au Maroc. le ton des constructions murales non lissés peintes en des couleurs vives de la méditérranée. Le matériel utilisé c´est la terre crue. Matisse a utilisé des couleurs vives comme le bleu, le blanc, le vert pastel, le rouge et le noir avec des lignes d´architectures sans trop de définition. Une économie de style, de la forme et du détail crée des formes sans trop de définitions, seulement esquissées mais l´oeil contempleur parvient à saisir le ton exotique que ce tableau cherche à reproduire.

LE PROJET SCOLAIRE À LA GOUACHE:

Henri Matisse, L´entrée de la casbah, 1912-13.

Index des Auteurs

Index du lexique

Thèmes Abordés :

Index des Villes, Régions et Pays Mentionnés

Les Pays La France L´Espagne La Hollande La Corse Le Mexique L´Autriche La Russie La Belgique L´Argentine L´Egypte	**La Normandie (Haute et Basse) Nord-Ouest** Le Havre- Bayeux L´Étretat Caen Caboug Rouen Honfleur
La Bretagne (Côte Ouest) Dinan Rennes St. Malo	**La Nouvelle-Aquitaine** Bordeaux Les Vosges Poitiers Limoges La Rochele Angoulême
Pays-de-la-Loire (Nord-ouest) Nantes Le Mans Angers	**La Bourgogne (Sud-ouest)** **Les hautes Alpes** Cabors **L´Auvergne** Montauban **Lyon** Toulouse **Le cantal** Montpellier
Strasbourg (Le Grand Est) Le jura Les Vosges Le Metz	Île-De-France (Nord) Paris
La Provence Alpes-Côte-D´A-zur (Sud-Est) **Marseille** Hautes-Alpes Alpes-Maritimes Alpes-De-Haute Provence Monaco	**Centre-Val-De-Loire (centre-ouest)** Le Cher Chartres Orléans Tours

Crédits Photographiques

Ph. © Bing images/ Raymond Queneau-Ph. © Bing images/Taxi- Ph. ©Bing images/l´écolier-Ph. © Bing images/pigeons-Ph. © Bing images/Guillaume Appolinaire-Ph. ©Bing images/Jean Lescure-Ph. ©Bing images/Huis Clos couverture-Ph. © Bing images/ Antigone couverture-Ph. ©Bing images/carte de Bruges-Ph. ©Fotolia/vélo-Ph. ©Bing images/Casques-Ph. © Bing images/ pictogrammes-Ph. © Bing images/Tableau la rue Montorgueil-Ph.Bing images/ fleurs Saint-Valentin-Ph. ©Bing images/brin du muguet-Ph. ©Bing images/6 janvier-Ph. ©Bing images/Joyeuses Pâques-Ph. ©Bing images/les Invalides-Ph. ©Bing images/Joeux Noel-Ph. ©Bing images/8 mai-Ph. © Bing images/ Champs-Elysées-Ph. ©Bing images/fêtes-Ph. ©Bing images/acteurs.ices-Ph. ©Bing images/Kylian Mbappé-Ph. ©Bing images/itinéraire-Ph. ©Shutter Stock/ Affiche-Ph. ©Bing images/Monica-Ph. ©Bing images/Angélique Poirier-Ph. ©Bing images/tondeuse-Ph. ©Bing images/animalerie-Ph. ©Bing images/Jules Renard-Ph. ©Getty images/puzzle-Ph. ©Bing images/Bison Fûté-Ph. ©Bing images/ Route nationale-Ph. ©Bing images/Carte géographique-Ph. ©Bing images/ le Mont Saint-Michel-Ph. ©Bing images/Honfleur-Ph. ©Bing images/Montgeon-Ph. ©ShutterStock/plage-Ph. ©Bing images/Affiche chocolat-Ph. ©Bing imges/ Cosmétiques-Ph. ©Bing images/oie blanche-Ph. ©Bing images/musée-Ph. ©Bing images/homme de ménage-Ph. ©Bing images/pâtisserie-Ph. ©Bing images/Bande dessinée Hagar-Ph. ©Bing images/virelangue-Ph. ©Bing images/piano-Ph. ©Bing images/Gilets jaunes-Ph. ©Bing images/UGC cinéma-Ph. ©Bing images/café les Deux Magots-Ph. ©Bing images/nourriture-Ph. ©Bing images/ENSAM-Ph. ©Bing images/Claude Rouget-Ph. ©Bing images/Napoléon I-Ph. ©Bing images/ batailles de Napoléon-Ph. ©Bing images/Ètoile de la légion d´honneur-Ph. ©Bing images/rois-Ph. ©Bing images/le hall des miroirs-Ph. ©Bing images/ Robespierre-Ph. ©Bing images/les graines-Ph. ©Bing images/la Bastille-Ph. ©Bing images/le panthéon-Ph. ©Getty images/Paul Cézanne-Ph. ©Getty images/ Ph. ©Getty images /Obélisque de Luxor-Ph. ©ShutterStock/Vincent Van Gogh-Ph. ©Picture tank/Dali-Ph. ©Fotolia/Henri Matisse

Le Métro Parisien

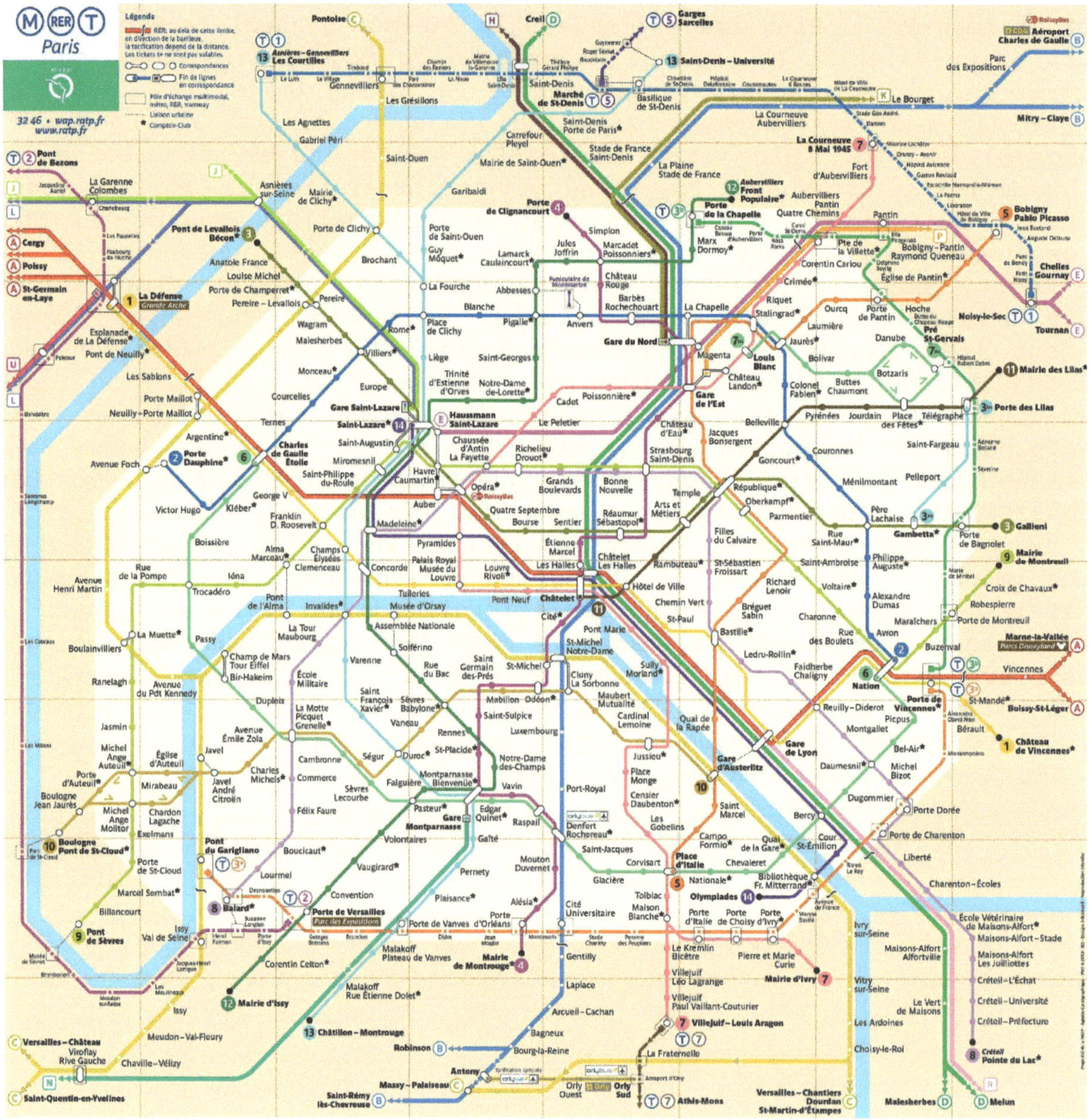

Régions et Villes de France

Les Pays d´Europe

1. Les Nombres

	11 onze	30 trente
0 zéro	12 douze	40 quarante
1 un	13 treize	50 cinquante
2 deux	14 quatorze	60 soixante
3 trois	15 quinze	70 soixante-dix
4 quatre	16 seize	80 quatre-vingts
5 cinq	17 dix-sept	90 quatre-vingt-dix
6 six	18 dix-huit	100 cent
7 sept	19 dix-neuf	1000 mille
8 huit	20 vingt	10 000 dix mille
9 neuf		100 000 cent mille
10 dix		1 000 000 Un million

2. Les Participes Passés

Habiter	Habité	Courir	courru
Apprendre	Appris	Ouvrir	ouvert
Lire	Lu	Partir	parti
Attendre	Attendu	Recevoir	reçu
Embaucher	Embauché	Suivre	suivi
Voir	Vu	Sourire	sourri
Courir	Courru	Répondre	répondu
Ouvrir	Ouvert	suivre	suivi
Sentir	Senti	conduire	conduit
Rire	ri	boire	bu
Tenir	tenu	battre	battu
Paraître	paru	devenir	devenu
Promettre	promis	peindre	peint
Interdire	interdit		

À l´année prochaine !